◆ 青少年感恩心语丛书 ◆

感恩父母勿迟疑

◎战晓书　编

吉林人民出版社

图书在版编目(CIP)数据

感恩父母勿迟疑 / 战晓书编. -- 长春 : 吉林人民出版社, 2012.7

(青少年感恩心语丛书)

ISBN 978-7-206-09115-5

Ⅰ. ①感… Ⅱ. ①战… Ⅲ. ①品德教育 - 中国 - 青年读物②品德教育 - 中国 - 少年读物 Ⅳ. ①D432.62

中国版本图书馆CIP数据核字(2012)第150952号

感恩父母勿迟疑

GANEN FUMU WU CHIYI

编　　者:战晓书

责任编辑:王　磊　　　　封面设计:七　洱

吉林人民出版社出版 发行(长春市人民大街7548号　邮政编码:130022)

印　　刷:北京市一鑫印务有限公司

开　　本:670mm×950mm　1/16

印　　张:12.25　　　　字　　数:200千字

标准书号:ISBN 978-7-206-09115-5

版　　次:2012年7月第1版　　　　印　　次: 2023年6月第3次印刷

定　　价:45.00元

目　录

CONTENTS

目 录

CONTENTS

目　录

CONTENTS

目 录

CONTENTS

亲情万岁

这是一个现实而又古老的话题。

这是一个轻松而又沉重的话题。

这是一个谁也离不开而又躲不了的话题。

人世间，只有“亲情”二字才真正称得上万岁。因为，亲情是人生的根脉与基础，亲情是生命的希望与寄托，亲情是生活的力量与源泉，亲情还是生存的延续与继承。珍惜亲情，就是保护人类真善情感的血脉基因；走近亲情，就是迈进了天伦之乐的幸福家园。

牢记了亲情，也就自然懂得了孝顺与回报。18岁当兵后，每月拿6块钱津贴费，我给妈妈寄去5块，自己留1块钱买牙膏、肥皂等零用。20岁当排长后每月52块钱工资，连队司务处扣去8块钱伙食费，我给妈妈寄去40块，自己留4块钱零用。妈妈说：“你给家寄的钱全给你留着哪，拿去娶媳妇吧！”我说：“不用了，留着给弟弟盖房结婚吧！”前不久，妈妈还拿出一叠400元用手绢包着的全是10元一张的人民币深情地对我说：“快30年了，还是你当兵时寄的呢。现在市面上早已见不到这种版的了，人家拿20块换我的10块，说是收藏，我都没换，舍不得呀。”

1982年转业到地方后，除了工资还经常有稿费收入。那时也年轻，每到星期天，我爱人就提前买只烧鸡或烤鸭、香蕉、桔子、点心等，让我骑车给妈妈送去。当看着妈妈吃一口，让儿孙们吃一口那个高兴劲儿，虽然一天100多里路打个往返，又加上扫院子担水，是有点累，但瞧着妈妈脸上挂满了笑容，就深深地感到自己是世界上最幸福的人了。父亲去世后，妈妈跟弟弟一起生活。1989年春天，我又和爱人商量把多年的积蓄拿出来帮弟弟盖了一栋小楼房。同时，我又给老人买了彩电、冰箱、洗衣机，又第一个在村里装上了家庭电话。每到星期天，给老人送去爱吃的海鱼、海虾、排骨等，再留些零用钱。妈妈说：“做梦也没想到这辈子还能过上这样好的日子。”妈妈60岁时得过脑血栓，治愈后，我坚持每年春秋两季给老人输一次液，保养老人的身体，预防疾病。村里不少人都跟妈妈开玩笑说：“老太太80多岁了，比60岁时还精神。”妈妈脸上乐开了花：“儿女孝顺，活着高兴，好多看看你们。”

每年农历七月十五是妈妈的生日，也是全家大团圆的日子。六个儿女各自率领自己的“部队”从各地聚集起来，有40口人给妈妈祝寿，四世同堂，重孙绕膝，其乐融融。1997年是妈妈的80大寿。提前一个月，儿女们就商量给老人祝寿的事。我和爱人还有儿子三口商量，为了感谢大姐和弟媳常年在妈妈身边对她老人家无微不至的照料，专门给兄弟媳妇花2000多元买了个红宝石戒指，给大姐

2000元以表达我们全家的特别谢意。妈妈高兴地说："看着儿女这么和睦，这么孝顺，我还得多活几年。"

珍惜亲情，就是珍惜生命。我们兄妹6人，都很孝敬老人，谁都没有攀比靠等过，条件不同，各尽孝心。在老人身边的多尽力照顾，在城市上班的，多给点钱，常回家看看。1982年我们兄弟三人成家后，妈妈曾召开过一次家庭扩大会，3个儿子参加意见发言，3个儿媳妇到席旁听，把当时的家产两处房子共8间，用抓阄的方式提前给儿子分了，老人一间不留。我当时想，养老只当一个儿子，继承财产不能靠前，坚持不要老人财产。妈妈说不要不行，那是你个人心气儿，做家长的要公平。我和大哥两人抓阄五间土房。我当面与爱人商量后，对妈妈说："这五间房是连在一起的，我抓这一半两间半上首房也住不上，送给我大哥大嫂了。"妈妈当时非常高兴地说："这是你们哥儿们兄弟之间的情分。"其实，在生活中亲情与真情比什么都重要。要维护家庭团结，也有一个中心两个基本点。即：一个中心就是，以孝敬老人为中心；两个基本点就是，花钱上要厚道点儿，时间上要多挤点儿。只有这样，才能真正建设一个和睦的家庭，老人才能过上舒心的日子，度过幸福的晚年。

走近亲情，就是进入了天伦之乐的家园。现实生活中，许多人对亲情淡漠了，对真情麻木了，对孝心倒置了，把眼光放在了关心下一代上，而忽略了关心上一辈上。这种上下失去平衡的延续和发展，很快就轮回到自己头上，这将是多么可怕的一件事情。静下心来细想想，过去的岁月，老人们含辛茹苦，把我们一把屎一把尿地抚养成人，就像佛经里讲的："母愿身投湿，将儿移就干，两乳充饥渴，罗袖掩风寒。"当我们能做事赚钱、娶妻生子后，把老人们撇在一边儿，将来老人故去的时候，再想给老人买口吃的、换件穿的、说几句心里话为时已晚，留下的只能是后悔和无尽的遗憾。多尽一点孝心，多做点儿孝事，将是多么快慰的事呀！陈红的一曲《常回家看看》，唤起了无数人的灵魂觉醒，引起了众多人的心声共鸣。陈明的一首《快乐老家》，又是多么发人深省，令人回味。在生命与生活中，亲情如同阳光一般照耀着我们，如同空气一般供养滋润着我们。所以，世界上只有亲情才称得起"万岁"一词。愿我们所有做子女的天天心里都唱着《常回家看看》和《快乐老家》这两首歌曲，走近亲情，快乐人生。

（张　启）

爱即是职责

去年的一天，我陪母亲去医院量血压。

我们在急诊科旁边的医疗室里刚坐下，就听见救护车鸣笛而来。急诊科里几个大夫小跑着迎上去，从车里抬下一个重症病人。

他们把病人安放在抢救室的病床上，主治大夫问清病人的病情后，一边吩咐其他大夫为病人量血压、输液、输氧，一边亲自用双手按压病人的胸部。

病人没有丝毫反应。

病人家属焦急地盯着主治大夫，眼里充满了哀求。

主治大夫翻开病人的眼睑看了看，忽地拔掉病人嘴上的氧气罩，不顾病人满口的粘涎，俯下身去，用嘴对着病人的嘴开始人工呼吸。

所有的大夫都愣了，因为病人的血压已降为零，心跳也已停止，主治大夫完全可以对病人家属宣告病人的死亡了。

过了一会儿，主治大夫站起身，走到病人家属面前，摇了摇头轻声说：“他走得很安详……预备后事吧。”

病人家属看着主治大夫一嘴的污秽，慢慢跪下来。

走出抢救室，一位实习生小心地问他："老师，那个人明明已经死了……你对一个死人做人工呼吸，岂不是徒劳无功吗？"

那位主治大夫看了看实习生严肃地说："在我这儿，只有病人，没有死人。病人哪怕还有万分之一的希望，作为医生，我们也得做出百分之百的努力，如果你热爱你的工作，那就得去热爱每一个病人，每一个生命，这是一个医生最起码的职责。"

实习生满脸羞愧地点点头说："谢谢你，老师，我明白了。"

爱人、爱生命是医生的职责，其实，爱人、爱生命又何偿不是我们每个人的职责呢！

怕病人走快了一步

我的朋友丁是位医生，他从医十余年，一直在一个山乡小镇的医院工作，薪水不高，工作却很辛苦，他常常要在深夜被病人叫起来。

有一年冬夜，天上下着大雪，丁睡得正香，忽然门被砸响，一个男人凄厉地喊："丁大夫，丁大夫，救救我妻子，她难产，快不行了。"

丁惊醒，忽地掀掉被子，下床去开门，那个男人一把拖住他就跑。

丁回头看了看放在床头的衣服，犹豫了一下，毅然跟着那人跑出门去。

那夜，丁穿着单薄的睡衣，在仅烧了一只火炉的手术室里，做了近三个小时的手术。当他把那对母子从死神的手里夺回来时，他自己几乎被冻僵。

我说："其实，你可以拿上衣服，边走边穿。"

丁摇摇头说："我怕我走慢了一步，病人走快了一步。"

我的心头一震，忽然对医生这个职业有了一种更新的认识，为什么我们常常看到医生们总是脚步匆匆，原来他们是怕自己走得慢了，追不上病人生命走远的脚步啊！

从丁简单的一句话里，我看到了他那颗深沉的爱心。

母爱的力量

那年，小妹因为受伤住进了医院，我去陪护。

同病房有一个女孩，她是因为车祸住进来的，自住进来的那天起，她就一直昏迷不醒。

女孩在昏迷中不时地喊着："妈妈，妈妈！"

女孩的爸爸手足无措地坐在病床前，神色凄楚地看着女儿痛苦地挣扎，不知该如何帮助女儿，只是不停地哀求医生："救救我女儿，救救我女儿！"

他不知道，医生该用的药都已用了，而病人，有时候也是要自救的，能不能活下来，要看他对这个世界是否充满生的渴望，也要看她的造化。

一个护士问那个男人："孩子的妈妈呢？你为什么不叫她妈妈来？"

男人埋下头，低低地说："我们离婚很久了，我找不到她。"

护士皱了皱眉头，默默地坐下来，轻轻握住女孩冰凉的手柔声说："女儿乖，妈妈在，妈妈在。"

男人抬起头，吃惊地看着护士，少顷，脸上流满泪说："谢谢，谢谢！"

女孩唤一声"妈妈"，护士答应一声。护士与那个女孩差不多年龄，还没结婚。

女孩像落水者抓到了一根稻草般死死攥紧护士的手，呼吸慢慢均匀下来。

在以后的日子里，那位护士像一位真正的妈妈那样，寸步不离地守在女孩病床前，握着她的手，跟她说话、讲故事、轻轻地唱歌……

直到那女孩完全醒过来。

医生说："她能苏醒是个奇迹。"

女孩说："我感觉到妈妈用一双温暖的手，一直牵着我，一直牵着我，把我从一个黑黑的冰冷的井里拉上来……"

人们把赞扬的目光投向那位充满爱心的护士，护士的脸微微红了说："我记得读过一句名言，母爱可以拯救一切。"

是啊，我们每一个脆弱的生命，不都是在母爱的呵护、牵引下坚强起来的吗？母爱的力量就是我们生的力量啊！

我在感叹母爱伟大的同时，更加钦佩那位年轻的护士奉献的勇气。

（程咏泉）

分一点爱给父母

记得那是一个重阳节的傍晚，夕阳辉映下的未名湖半边瑟瑟半边红。湖畔的林荫小径上，皓首乌发、红男绿女，三五成群，谈笑风生。我们几位同学与品修课教授一边漫步，一边说古侃今。突然，教授停下脚步，向我们发问道："你们谁能说出港台歌星'四大天王'的生日？"

这类问题，当然难不倒我们这些"追星族"。大家争先恐后地回答出了教授的提问，脸上自然流露出几分得意。

"我非常叹服同学们的记忆，也非常欣赏同学们的见识，这样的问题换了我来回答，当然是哑口无言。"教授弯起食指，顶了顶鼻梁上的眼镜架说，"我再问一个问题，你们谁能说出自己父母的生日？"

"这不是查户口吗?"一位女同学插了一句，引得我们哄堂大笑。

"不错，我想查一查你们心中的'户籍'上，究竟登记了些什么人。"

活跃的气氛顿时凝固了，大家低下头，谁也不敢抬眼正视教授。

大约沉默了一盏茶的工夫，还是没有谁自告奋勇。教授接着发话了："那么，我们是否记得自己的生日呢?"

也许是出于羞愧，大家都不愿吱声，只是轻轻地点了点头。

"为什么我们能清楚地记得明星的生日，记得自己的生日，却忘记了父母的生日呢?"教授语重心长地说，"因为我们崇拜明星，却从未崇拜过生育我们的父母；我们过分地关心自己，却从来就没有想过要如何去关心父母。"

此后，几百个日子犹如秋叶凋零，但教授的话语，一如永不干涸的泉水，在我的心里奔涌不停。

父母好比那根，宁愿牺牲自己，为果实不断输送水分和营养。子女好比那果实，只知道索取，吸收其精华，却又淡漠和忽视根，只有当自己化作一枚熟透的果核，扎根结实，才真正体味到父母的无私奉献和博大情怀。

我们记得明星和自己的生日，却未留意生育我们的父母的生日；我们满怀虔诚奔上舞台为明星献花，却总是忘记给父母寄张温馨的贺卡；我们有时间去休闲场所尽情消遣，却没有时间陪父母度过一个愉快的周末；我们眉飞色舞地为明星鼓掌，却总是吝啬给父母哪怕一句轻轻的问候……

人啊人，往往有这样一种习惯，对那些于他们并无多大用处的明星，表示出崇拜、友好和感激之情，而对那些与他们朝夕相处，关怀、体贴、善待他们的人表示出轻视和淡漠，这是多么的可悲!

崇拜明星本身并没有什么过错，但是，何不减四分崇拜明星之意来崇拜我们的父母？自己确实值得怜爱，但是，何不分出一点爱己之心，去爱我们的生命的根——我们亲爱的父母？

（石剑光）

梦里依稀慈母泪

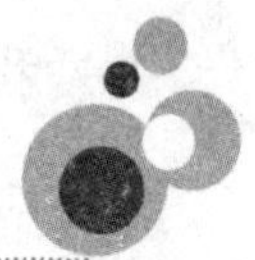

母亲的心理承受力有多大？我不得而知，回首生命的往昔，拾掇起昨日的一片片记忆，母亲的坚强历历在目。可是母亲的心理有时又多么脆弱啊——母亲的眼泪是无声的诉说。

还记得高二那年，父亲突然病重，我们兄弟在校苦读，正在水田插秧的母亲赶回家，情急之下找不到得力的人帮忙。母亲凭她那孱弱瘦小的身躯把父亲送到了医院。接连几夜的守护中，母亲熬夜的双眼布满了血丝，满脸蜡黄色，头发也没时间梳，一下子像变了个人似的，头发白了许多，回家也显得很木然。那是个“双抢”季节，肆虐的太阳照得地上腾起一股火辣辣的热气，面对十几亩金灿灿的稻田，母亲和姐姐没日没夜地抢割、耕作、抢栽。有一天，劳顿的母亲到田埂上小憩时，不觉中中暑晕倒，她在阴凉处躺了几小时后，不顾别人的劝阻，又拿起了镰刀。

那个7月是该流泪的7月，邻人洒着同情的泪描述逝去的一幕幕，母亲满目的红丝中没有一线泪水，我却哭了。现在想来，母亲的泪早已溶解在她慈爱的心田！母亲希望用她瘦小的身躯为我们支

撑起一方温暖的晴空，让我们安心读书，学有所成！

可是，第二年高考，我并没有给母亲的期盼投进一线明丽的阳光。我知道，只有捧回那个母亲和我渴望已久的大学通知书，母亲的期盼才会明亮起来。

我决定到异地去复读。

一个薄雾蒙蒙的清晨，母亲一直送我到小路尽头，停住脚步，理了理我的衣领。“到校后捎信来！”母亲叮嘱一句，我转身而去，走出几步，猛回头，母亲原地而立，我依稀看到了母亲眼中闪亮的泪花。母亲忙扬起右手，那洗白了的蓝布衫遮挡了她的双眼，融入了早起的薄雾，显得飘飘拂拂。多年以后，母亲才告诉我，那是因为她无力替儿找到一个好门路而暗自内疚！在我远离母亲的一瞬间，母亲终于掩埋不住深藏心田的担忧与思念呀！

后来，我在母亲遥遥的挥手中告别了故园，跨进了我梦寐以求的大学。毕业后，工作地距母亲千里，母亲思念如故，外甥的来信一次次敲击我的心。

在一个少飘雪花的寒假，我与未婚妻决定到母亲身边举行婚礼，希望让母亲苦涩的思念增添一份甘甜。

千里迢迢赶回家，原来家里粗糙的准备距浪漫的我们所想象的相去太远。我迈进厨房时，那份心烦意乱冲口而出：“怎么搞的，家里准备得这么差……”母亲的双手放下碗筷。凹陷的双眼失去了往日黑亮的光彩，盯盯地看着桌上的饭菜，而后用那沾满油污的围裙擦了擦双眼，一下子痛哭起来："你在外工作，不晓得我们两老过得是什么日子……"母亲眼中的苦汁似断线的珠子跌落到地上。

就在母亲的泪水落地的刹那，一种愧疚的感受袭遍周身，撕裂了心肺，我恨不得一头撞叩在母亲的脚下！我错了，我忽略了家里的变故，错怪了母亲，母亲独自把生活的苦水咽到了肚里，她没有告诉我们，怕影响了我们的工作。"儿行千里母担忧"啊！母亲坚韧的神经被我的鲁莽轻易冲垮了！母亲的泪水冲刷着我感慨的心灵，更冲洗着我尘封的记忆！与母亲的辛劳和慈爱相比，我的"浪漫"多么苍白、庸俗，母亲苍白的面容和清凉的泪水，映出我几多的忘恩和不孝啊！

远行的路上，母亲的眼泪常常让我想起，浓浓乡情便油然而生，我思念远在异地仍在辛勤劳作的母亲！母亲的眼泪似春天的夜雨，滋润我疲惫的心灵，使我不敢停留前行的脚步，不敢懈怠人生的追求！

（李　扬）

给父亲写封信

在异乡读了几年大学，唯一养成习惯的是定期给父亲写信，不管有事无事。

父亲没有什么朋友，所以他收到的信，基本上是我这个儿子写的。读我给他写的信，是他茶余饭后必做的事，每次收到我写给他的信，他就一遍遍地读给母亲听，读给妹妹听，他的眉头，这时候是舒展的。

有段时间，父亲的肝病又犯了，于是我信里的话语又增添了一项内容，为他从报纸上剪来各种医药信息，再三叮嘱他要去买药治病，莫在乎钱，莫以小失大。后来，听母亲讲，每当父亲看到我信中的询问，他总是老泪纵横，一个劲地和母亲说我懂事了，“要得了”。

去年春节，我在家里搞卫生，收拾东西，打开父亲的办公桌，我写给他的信被他按着日期整整齐齐码好成一堆。我一声不语，泪水模糊了我的眼镜片。

给父亲写信的几年里，一种成长的感觉慢慢爬上心头。也许我们天天地忙于自己的事业，匆匆忙忙，没有机会同自己的父亲聊一聊，但是找个机会给老人家写上几行，哪怕是再平淡不过的语句，哪怕是再古老不过的祝福，这或许都会带给他一个难忘的惊喜，一份突然的欢乐，一方欣慰的天空。

给父亲写信其实是件难事，很多东西是难以诉之于笔端的，想写却不敢写，怕他担心，惟恐加深他额上的皱纹、染白他头上的黑发，常常是善意夸大一些成绩和欢乐，只为父亲能够高兴。

现在，我成天在车水马龙的城市里奔波忙碌着，信写得越来越短越来越少，这并不是因为我的慵懒，而是实在无语可诉，日子总是在这平平淡淡之中流逝。但是为了父亲，我每次都会心平气和地坐下来，给翘首以盼的父亲写点什么，谈点什么，哪怕是几句类似客套的嘘寒问暖。我知道，年迈的父亲需要这些，我写给父亲的信，是父亲最喜欢读的。

是的，有空的时候，不妨坐下来给父亲写信，用笔同父亲说说话儿，多说些好的事情，让他快乐，也让自己心安。

（肖卓霖）

感 动

有些感动是瞬间的。有一种感动却是恒久的、深入骨髓的，随着时间的久远，愈加能够抵达心的深层，触发千丝万缕的怀想，

在这异乡之城的雨夜，我想起了远在天国的父亲。10多年前的一幕幕，便如默片，穿透夜雨，穿透阁楼紧闭的窗，一一呈现在眼前。

那一年，石榴花开得最艳的时候，身患肝癌的父亲却依依不舍地辞别了人世。父亲所在的大型机械厂，足有万余职工，而父亲是其中最普通最不起眼儿的一员，他的离去，凡若流星，仅仅划过一线若有若无的痕迹，那样凄清，那样孤寂，父亲弥留的那一刻，静静躺在医院最北角那个简陋苍白的病室，只有年幼的我和精神几欲崩溃的母亲，无助地陪伴着他。父亲在一片萧瑟的景致里，落寞地赴了黄泉之路。而母亲和我们无边的疼痛与伤悲，也没有谁给予星星点点的慰藉。那些日子，我们破败不堪的家，始终笼罩着愁雨惨雾，没有一丝阳光的温暖。

遵照父亲的遗愿，那年秋天，当枯黄的叶片开始飘零大地之时，我和二弟捧着父亲的骨灰，踏上了送父归乡的伤心之旅。从父亲所

在工厂到渝东偏僻的故里，要历经数天的长途颠簸，母亲原打算一同去的，可我们实在放心不下她的病体。时至今日，我依然清晰而疼痛地记得，两个未谙世事的少年，木木地坐在东颠西簸的长途客车的最末端，紧紧护着那个黑黑的骨灰盒，目光里流露出无助与悲苦。

数天后的黄昏，我们终于到达了那个叫做石安的小镇。久候多时的二舅接到了疲苦不堪的我和二弟，也怀着无比凝重的心情迎接了在外漂泊多年的父亲；在二舅经营的简狭的废品收购屋里，我和二弟动荡的心有了暂时的依托，很快和衣沉沉入睡。凌晨，二舅叫醒了我们。天灰蒙蒙的，小镇还在沉睡之中，模糊而静寂。舅甥仨借着混沌的手电弱光，默默穿行在古老的青石板长巷里。我抱着父亲的骨灰，走在最前，二弟随后。二舅最末，赤着脚，背一篾篼。全是成串的土炮，一边疾行，一边燃放。噼噼叭叭的声音，响彻小镇的每一个角落。二舅用这种特殊的方式，告诉故乡，一个经年漂泊的游子，终于回归了故土的怀抱。多年来，我无数次梦到那一场景：灰蒙蒙的天、长长的青石巷道、微弱的光亮、隐约的犬吠、划破小镇宁静的土炮声以及二舅爆崩的手和赤脚。

天亮，父亲回到了生他养他的故里——庙堂湾。骨灰盒置放在祖房的堂屋正中，朴实善良的乡亲们闻知后，纷纷放下手中忙碌的活计，赶到堂屋，给父亲焚上一炷香。他们是那样真切地悲伤，一如母亲，一如我和弟弟。他们是把父亲看作了远游的亲人。淳朴的婆婆和婶婶们，把我和二弟拥在她们温厚的怀里，用粗糙的手一遍遍抚摸我们的头和脸。我们却没了言语，也早没了泪水，只是眼神滞滞地看着翻飞的木屑。大伯大叔们用了质地良好的木材，给父亲赶制棺木，他们神情专注，额际腮旁挂满了醇酽真诚的汗水。

依照故乡习俗，出殡应在天亮之前。出殡那天，下起了绵密秋雨。八个乡亲抬着沉沉的棺木，摸着黑，深一脚浅一脚地行进在崎岖的山道上。我和二弟披着长长的白孝，紧随其后。

临近墓地，领头的远房二舅吼起了一种十分哀伤的号子，其他抬棺和送葬的人们，也随之哼唱起来，凄婉的号子在鸿蒙的旷野漫延着、回荡着。也就是在那一瞬间，一种感动如闪电般击中我的身体。

许多天来，我没说过一句话，没流过一滴泪，然而那一刻，我却如洪堤崩决，汪洋恣肆地大放悲声。那悲声里，有多日的压抑，有对父亲的不舍，更有深入骨髓的感动：在送殡的长队里，没有几个与我沾亲带故，甚至好些我压根儿就不认得。父亲是那样普通，那样平凡，没有任何显贵与权势，甚至有些落魄，且阔别故土已数十年。乡亲们却敞开宽厚真诚的怀抱，盛情接纳了父亲这个浮萍般的游子。除了叶落归根这层意思，我明白了父亲为何选择故土作为最后的栖息地；父亲是对的，饱经沧桑和冷漠之后，他的灵魂只有回归故土才能得以真正地安宁，也才不会再孤单。

许多年过去了，但我却一直不知道殡葬父亲时，乡亲们用浓厚的乡音唱出的那些号子是怎样的内容，然而那从嗓间吼出的苍劲哀婉的调子，却有着不可抗拒的穿透力。我永远无法忘却那一刻我内心的强烈震颤，无法忘却那一刻我荡气回肠的悲哭，更无法忘却故土和故土亲人带给我的刻骨铭心的感动。

（段代洪）

妈妈的眼泪

我生下来不久母亲就去世了，在我7岁那年，爹为我找了一个后娘。对于后娘，我幼小的心灵一开始便生出强烈的反感，当爹让我喊她“妈妈”时，倔强的我一声不吭，气得爹抡起巴掌要打我，还是后娘说了句：“算了，小孩子不懂事。”才使我躲过了皮肉之痛。

一开始我总是用冷漠的表情回敬后娘。后娘却从不计较我的敌意，一如既往地帮我洗头洗澡，照样将好吃的饭菜往我碗里挟。她言语不多，总是默默无语地干着家务事，把家里的一切都料理得井井有条。

渐渐长大了一些，我心里的坚冰悄悄地消融，慢慢对她生出许多好感来。但说不清为什么，不知有多少次，到了嘴边的一声“妈妈”却怎么也说不出来。

我家的经济条件一直不太好，我几次向爹提出休学的要求，想回家挣钱。有一次爹终于答应了我的请求，可后娘却坚决不答应，坚持着把我送回学校。记得我考上高中那年，恰巧爹住了几个月的医院。为了给爹治病，家里能换钱的东西早变卖光了，亲戚朋友也早已借遍了。面对如此窘境，我再次向爹提出了休学的要求。没想到后娘第一次严厉地对我说：“大人的事，不用你小孩子操心。”

第二天，她便独自进了城，说是想法给我凑学费。等她回来时，我发现她的脸色有些苍白。那天晚上，我突然听到爹在低声哭泣，忍不住想闯进他们的卧室。等走近他们的房间时，却听后娘平静地说：“他爹，别哭了，让孩子听见了不好。小民虽不是我的亲生儿子，可只要他能有出息，能当面喊我一声妈，我也就知足了。”“可你怎能去卖血呢？我的身体不好，你要再有个长短，这个家可咋过呢？”

刹那间，感情的洪水在我心里汹涌澎湃，眼泪忍不住往外涌。可我仍然无法突破最后一层心理障碍，扑在后娘怀里痛痛快快地喊一声“妈妈”。我心里好难受，不由自主跑到村外，对着无人的原野，大声呼喊着那久违的两个字：“妈妈……！妈妈……！”我要用这啼血的呼唤证明自己的良心，证明自己还是一个血肉之躯。

高考落榜之后，我独自一人漂泊到远离家乡的省城，又在这里娶妻生子，爹和后娘也逐渐老了。但亲人之间的牵挂却与日俱增，儿子出生的时候，后娘专程从老家赶来，把妻儿调养得白白胖胖。妻子也不含糊，面对老人家那细致入微的关爱，一口一声甜甜的“妈”，叫得她常常开怀大笑。而我背负的那份愧疚也越来越沉重。

今年春节的时候，我带着妻儿回到了阔别多年的小山村。儿子顽皮地指着家里人让我叫给他听。第一个指的便是他的奶奶：“爸，你喊她什么?”“妈妈。”似乎是不经意间，我把“妈妈”叫了出来。我偷偷地看了后娘一眼，只见她在憨厚地笑，若无其事地走了出去。但就在她转身出屋的一瞬间，映入我眼帘的分明是她泪光闪闪的双眼。

（刘福民）

那晚，我握住了母亲的手

一次聚会上，大伙儿都准备不醉不归。微醺时，坐在旁边的一位朋友对我说："有一件事你肯定没做过。"朋友托起酒杯，在空中来回地晃着，酒吧里暗红的灯光映出他一脸的严肃。然后，他慢慢地说："你握过母亲的手吗？"这话带给我的震撼远远大于我不知道母亲的生日是哪一天。

日常生活中，最应该记住的却常常被我们忘记，最应该做的却常常被我们忽视。我只记得母亲的手，却没有握过母亲的手。那晚耳边总是萦绕着"你握过母亲的手吗"这句话。

第二天，我就向单位请假回家，一路上，脑子里全是母亲的影子。前些年家境不好，日子过得非常艰难。父亲在附近一家工厂上班，厂里效益差，一拖就是一年半载不发工资，有时为了应酬，父亲还要从家里拿钱，家里的大事小情全落在母亲一个人的肩上。自我记事起，母亲就像陀螺一样不停地转着。上大学那几年，母亲硬是靠省吃俭用供足了我所有的费用，其中的辛苦只有母亲一个人知道。毕业后，我被分配到离家很远的地方教书，虽然时常寄钱回家，

但写信和回家的次数却越来越少，母亲在我自认为潇洒的生活里变得日益生疏起来。

晚上，母亲从外面回来，看见坐在家中的我十分惊奇："你怎么回来啦?""放假，就回家看看。"

昏黄的灯光下，母亲显得更加苍老，黑发早已变成了白发，额头上写满了岁月的印痕。母亲老了，我心里涌起阵阵悲凉与歉疚。我端来一盆热水，浸上毛巾，让母亲坐下。"妈，把手伸给我。"我说。这次，母亲显得更加惊奇，她不安地伸出了双手。手背上，一条条青筋突起，皮肤像贴上了一层薄薄的皱巴巴的纸；手掌上，全是些口子和厚厚的老茧。这就是母亲的手，默默地支撑这个家支撑那段艰苦岁月的手。

我擦拭着母亲被岁月磨起的老茧，轻抚着那刻满生活艰辛的手指，自己仿佛回到了童年，眼前浮现出母亲劳作不息的疲惫身影。"妈，您辛苦了。"紧紧握住母亲的手，我的泪水像断线的珍珠一样落了下来。那晚我看清了母亲的手，读懂了母亲的爱。母亲的手，浓缩了她一生一世的沧桑，刻满了她养儿育女的艰辛。母亲那双手，为我们遮风挡雨却被风雨剥蚀，为我们开辟前程却饱尝了辛酸。

世事如烟，转眼就是七年过去了。在这过去的七年中，每当我浮躁不安悲观失望自甘堕落的时候，我就会抽出几天时间回到家里，握握母亲那饱经风霜的手，用灵魂去感受母亲的艰辛和自己的责任。因为我知道，也就是在我握住母亲手的那一刹那，我也握住了自己命运的手。

母亲的手，是一部震撼灵魂的巨著，读懂了它，你就读懂了整个人生。一个人要想读懂人生的真谛，就不妨常回家握握自己母亲的手。

（胡　枫）

孝顺父母，乐从中来

“孝顺”，一向被当做一种义务与责任，这本不错，然而细思之也不尽然，对父母尽孝，在付出的同时，也会有所得。

小时候，母亲给我讲过这样一个故事：一个不孝子平日打爹骂娘，不孝之至。一天，他赶着老牛耕地时看到一只大鸟在喂雏鸟虫子，突然良心发现，他想，喂雏鸟虫子的一定是鸟妈妈，小鸟若得不到妈妈的喂养，怎能活命？我不也是被父母养育成人的吗？我小时候不也是这样被妈妈疼爱与呵护的吗？想到此他不禁翻然悔悟，簌然泪下。正在此时，母亲给他送饭来了，他来不及放下手中赶牛的鞭子，飞步迎了上去。母亲看他拿着鞭子，以为又要挨打，就一头撞死在一棵树下。这个不孝子从此失去了去掉“不孝子”恶名的机会。记得我听完这个故事时木然良久，无语凝噎，故事深深地在我的记忆中扎下了根。

从伦理道德角度看，孝顺乃报恩之举，天经地义。中国人自古就讲“受人滴水之恩，当以涌泉相报”，何况父母之恩，即使以高山大海喻之亦不为过。孔子之所以能够被推上“至圣先师”的神坛，原因之一就在于“三年守孝”之举令人心仪，把孝置于自己的升沉荣辱之上的做法确实让人称羡。总之，孔子是孝行被广为传颂之后才声誉日隆的。自然，“孝”被统治者利用，成为儒学的“五常”之一以后，就不免有了麻痹百姓的一面，甚至统治者利用它来束缚人的手脚，但无论如何，敬重父母意义上的孝是否定不了的。遗憾的是，现代人在挞伐儒学时，使原本无辜的孝敬父母意义上的“孝”也受到了株连。孝的意识因此而受到了削弱，以至于有些年轻人并不清楚孝为何物，以为孝不过是一种付出，要“孝”就要付出金钱，付出爱心，付出精力。其实，“孝”首先是人的一种需要，是人的一种特殊情感活动。孝敬父母，心里才踏实，生活才充实，才能享受真正的天伦之乐，才能走完没有遗憾的人生。不敬不孝者，表面上看，像是占了什么便宜，实际上不但会使老人有所失，也会给自己带来也许是难以挽回的损失。我儿时听到的那个故事富于极强的悲剧性，那个不孝子因为自己的不孝而永远地失去了人间最可贵的一种享受，他也许已经要下决心痛改前非了，但由于他过去积孽过重，蓦然醒悟，为时已晚。这个不孝子以后的生活之凄凉，人生之乏味，是不难想象的。这个故事警示我们，在父母健在时，切莫放过孝敬的机会。

孝顺是一种只有人才有的崇高情感。动物两代间的亲情一般都是单向的，比如狐狸，母狐把小狐喂大之后会强迫小狐离开自己，终生不准它再回到自己身边来，母狐最后在孤独中死去。人的两代间的亲情是双向的：长辈对晚辈有舐犊之情，晚辈则还长辈以悉心的“养老送终”。这是社会的需要，也是情感上的需要。说是社会需要，是因为孝顺是一种高尚的情操。孝，能使爱心由己推人，人人孝顺父母，世风自然就会归肃；反之，若连自己的父母都要虐待，怎能善待与自己并无血缘关系的同类呢？说是情感上的需要，是因为人人对生命现象都会有自己的一番思考，在思考中人们形成了一种不落言语的共识，那就是把子女看作是自己生命的延续。这是人的情感上的一种寄托。古谚日：哀莫大于心死。试想，如果“延续”自己生命的竟是一个不尊重自己的人，这还能算作“延续”吗？这不就是一种“心死”吗？

把孝顺当作人生中的一个有机组成部分，把自己澄澈无尘的心袒露在父母面前，就能够收获到快乐，并美美地享受之。拳拳孝子之心，也会震撼和洗涤自己的心灵，从而使自己升华出一种崇高的情感——爱，一种超越男女之爱的更伟大的爱，这种爱不图回报——不，如果说它也图回报的话，那也是一种可爱的回报。人的精神与灵魂尽可以在这爱的乐园中嬉戏，享受无尽的怡悦。

这种爱能使人生充满趣味与活力，它随时向我们提示：生命是流动的过程，这个过程是一个整体，而一个名字所代表的只是生命过程中的一部分。如果能让这个过程保持和谐，人就永远不会孤独，因为这个过程能够产生出伟大的力量。这种力量能够使人无所畏惧地战胜各种艰难险阻，能使人扫除弥漫在人生舞台上的阴霾，使生活显露出它本来的光彩。爱能创造出一切奇迹。正如意大利诗人但丁所说，推动星球转动的，是爱。

如果不以我的直言为忤，我愿对那些父母尚健在的幸运者说上一句肺腑之言：世界上绝对不存在比父母健在更值得庆幸的事情，多给父母关心与爱，孝顺父母，乐从中来！

（任小犀）

孝敬重在“敬”

赡养父母，孝敬老人，是中华民族的传统美德。《诗经·尔雅》中说：“善事父母曰孝。”孟夫子也说过：“孝子之至，莫大于尊亲。”可见，赡养、侍奉，尊敬、爱护老人，是一个永恒的伦理，不老的话题。人类要繁衍生息，代代相传，孝敬父母的义务就永远不会消失，但是，有的人认为孝敬父母只要让他们不缺吃少穿就行了，这就非常片面了。在一般情况下，做到物质上赡养父母，满足他们衣食需要，并不大困难，而要真正做到尊敬父母，满足他们情感、心理上的需要，就不是那么容易了。

孝敬父母，仅仅满足他们物质上的需要是远远不够的，最高的孝，在于对父母的尊敬。恭敬之心应当是在给父母送去奉养之物之前就存于心中了。恭敬要有实际表现，君子不只是表面上持恭敬态度的。有一次，孔子门徒子夏向孔子问孝，孔子说：做到孝，最难的是对父母和颜悦色，仅仅有事帮父母去做，有了美味佳肴让父母吃，这并不难做到，难的是和颜悦色，由衷地尊敬父母。古人这些见解，对我们是有启示作用的。

孝亲敬老重在“敬”。人有多层次的需要，既有物质的又有精神的。单纯物质的赡养父母是不足以谓孝的，也不可能使父母安逸地度过晚年。出现这种情况的原因，就在于这些人孝亲敬老缺乏自觉性。他们对父母的赡养、侍奉不是出自晚辈对长辈的感激之情自然而然地流露出来的，不是出于自觉自愿，只是单纯地当作一种“义务”，为了履行法律上的责任，或者不被舆论谴责，落一个“孝”的好名声。俗话说：“喝水不忘挖井人，乘凉莫忘栽树人。”父母为子女付出的心血，子女是应该予以报答的。人生在世，谁不是靠沐浴父母的“春晖”长大，吮吸母亲的甜蜜乳汁成人呢？唐代诗人孟郊的诗句“谁言寸草心，报得三春晖”，道出了父母对子女的拳拳之心和无限的爱。子女从物质上精神上尽可能满足父母的需要，真心实意地孝敬老人，不仅是对父母“三春晖”的报答，也是对人类劳动和历史的尊重，也是社会主义精神文明建设的题中应有之义。只有把孝敬父母的重点从“养”转到“敬”上，既满足老人物质上的需要，更满足老人精神上的需要，老人才会感受到生活的美好，才会有真正幸福的晚年。

（赵化南）

母亲的牵挂

牵挂是缕缕思念的情丝，母亲的心空便被它密密地织满。

少年浪漫，远行的我总把母亲的思念毫不在意地抛到脑后，有时对母亲近乎迂腐的担忧禁不住厌烦。多年以后，当我初为人父，在异乡的天空下多呆了几日，初出家门的轻松心理就会莫名地积满对远方女儿妻子的思念。于是，再美味的佳肴也勾不起我的食欲，再新奇的娱乐也难留住我前行的脚步，归心似箭，向诱人的城市挥挥手，飞回妻儿身边。这时我才理解，为什么苍老的母亲会为儿女的一封普通来信，一个突然的电话而彻夜不眠；为什么母亲会时时牵挂着异地儿女生活的安康。原来儿女是母亲心中挣不断线的风筝啊！

我还记得前年的初春，年迈的母亲找到我偏僻的住处时，黄昏的暗幕已经轻笼校园了。千里之外，母亲怎么突然而至了呢？问后才知，原来在我们县城做生意的侄女回家后传错了话，母亲听说妻子落月了（其实才怀孕）。总以为别人把我早先写回家的信念错了，心里总不踏实，急得睡不着觉，急急地要来。那几天，母亲匆匆忙忙准备了婴儿用品，不到正月十五，便提前做好了米团子。可是家里人要忙春耕，母亲又从没出过远门，又不识字，不会搭车，这千里之遥，去哪儿呀？好在侄女开春后又来做生意，母亲便跟到县城后，自己找来了。

母亲的提包里，满满地装着婴儿的新被褥，尿片，还有老家的打粑糖、米团子……母亲还记挂着这些东西?!“这不是你小时候最爱吃的东西吗?”我笑了。母亲的心底一定还藏着大年三十的晚上，少年的我围在做年食的父母跟前的一副馋相。儿子长到多大，也还是母亲心里的小孩子呀！其实，如今生活条件好了，我早已没了少年时的好胃口。只是劳累了母亲，包沉沉的，五十多斤，母亲年逾五十，身体瘦削，她清早赶车，转了两站，为了省钱，中午吃一块面包，还舍不得买一瓶饮料喝；在荆州换车时，小偷又割掉了提包带，后来赶车，母亲便是抱着这个重包走的。

“您累了吧?”我问母亲。

“还不累呢！”看到了日夜思念的我们，母亲愁肠顿解。母亲轻松地说这话时，我的鼻子已经酸酸的。

那一次，母亲小住了几天，便想回去。她担心父亲一人在家生活不好，又担心精神抑郁的哥哥生出事端，还担心那忙不完的几亩地、养的鸡呀猪呀，劳动惯了的母亲过不惯这轻松的日子，又匆匆踏上归途。一生奔波的母亲，心灵的原野牵挂着家里的每一个儿女，却唯独没有她自己呀！

女儿出生后，母亲由于家庭的事务不能前来，每次姐夫来信总不忘写上母亲的嘱咐——寄几张小孙女的照片回家。语言写得很轻淡，但我却可以想象母亲是怎样牵挂着又一条幼小的生命呀！母亲属于那种不善于表达的农村妇女，她总是把深深的思念埋藏在心里，宁愿自己心灵受着这种牵挂的折磨！

我也思念着母亲！尽管教学任务繁重，交通不便，我仍决定趁双休日到荆州去看看考取中专的外甥和送孩子上学的姐夫。姐夫说母亲很好，只是希望我们尽快把小孙女的照片寄回去。母亲仍不忘带来重重的一箱子咸鸭蛋，这是我读书时爱吃的！看着那五十多个黄土裹着的有些尚未腌透的咸鸭蛋，我的眼泪快掉下来了。母亲，您是在清冷的夜晚，就着昏黄的电灯，把食盐与黄土搅拌均匀，然后仔细裹上的吧！不然它的味道怎会这样的可口呢？其实，现在交通发达，哪儿买不到这些东西，真苦了母亲的这番牵挂哟！

回家后，我才想起自己竟然冒失得忘记了给母亲带点礼物回家。真粗心呀！哪怕是一点点轻微的礼物，也是儿子的一片心呀，我不停地责备自己！

如今，母亲一定看到了我寄回去的“全家福”，在遥远的故乡，母亲，您的脸上是否挂满了欣慰的微笑呢？儿子祝您生活顺心、平安！

（李　扬）

陪女儿学书法

读小学四年级的女儿放暑假了，经过我们的苦心动员和安排，她终于高高兴兴地参加了一个少儿书画培训班：第一天上课，因不知道培训班课程的内容和安排，没有做什么准备。谁知一到课堂，就要练毛笔字，老师正在讲毛笔的握法。女儿坐在第三排的课桌前，没有纸，没有笔，没有墨，两眼愣愣地瞪着黑板，有点不知所措。我急忙安慰她："别急，别急，你听老师讲课，我给你去找东西。"

这是师专美术系的教室，大学生放假离校了，课桌里都已清理得空空的，窗台上零零散散放着几个空墨水瓶，还有一只写秃了的毛笔。我心存一线希望，一个课桌一个课桌地寻找。我劝女儿不要着急，其实我自己心里比她还着急，生怕耽误她学写字。还好，在最后一排课桌里，我找到了女儿需要的东西。当我把纸、笔、小碟装的墨汁放在女儿面前时，女儿舒心地笑了，她急不可耐地握笔、蘸墨，按老师的要求写了一个"一"字。

刚开始几天，女儿练字的兴趣很浓，除了上培训班学习，每天下午都要练上一两个小时。在家里，女儿用一个塑料果冻杯装墨汁，这个果冻杯中间有一块隔板将杯子一分为二，每边能装大约二两水。一天，女儿小心翼翼端着那个果冻杯来问我："妈妈，墨汁倒多了，怎么办?"

我一看，确实是两边都倒满了，一边装的是水，一边装的是墨汁，墨汁快接近杯沿了，稍不小心就会溢出来。我不耐烦地说："算了，快去练字，练完字放到一边，下次再用。"女儿挤挤眼睛不满地说："这样不好用，你没有办法，我自己来想办法。"

女儿把杯子放到厨房的台子上，把墨汁瓶子也拿来放在旁边。她用小手将装墨汁的那边捂得严严实实，滴水不漏，然后倾斜把果冻杯子里的水倒尽了。墨汁怎么倒进瓶子里去呢，她犹豫地放下果冻杯子，回到客厅找来一张硬一些的白纸，卷成喇叭筒，下面留下一个小小的孔，侧面再用胶带纸贴住，这样一个简易的"漏斗"就做成了。女儿把简易"漏斗"插在墨汁瓶口上，拿好果冻杯子，缓缓地将墨汁倒进了瓶子里。

通过这件小事可以看出，有很多事情，只要做父母的放手让孩子去做，孩子是完全能够想出自己的办法的。

（王亚平）

父亲的臂膀

我醒来的时候，父亲已坐在我的床头了。他告诉我那趟班车不久便要开了，得快些。父亲显然没有睡好觉，刚起身，便已是一脸的疲倦，连声音也沙哑了许多。母亲特为我烧的早饭堆满了一桌，都是我最喜欢吃的菜。不知是她什么时候起身准备的。可面对这丰盛的佳肴，我却没胃口，尽管母亲不停地为我夹着菜，可我只匆匆吃了点，便再难下咽了。

母亲一遍遍重复着这几天来已交代多次的那些事："出门在外，别苦了自己，要吃饱吃好，不要舍不得花钱，没钱就吱一声，我们给你寄。……和同事要和睦相处，不能轻易得罪人，要听领导的话，叫干啥就干啥，别像你爸似的，一身倔脾气……"然而，我已不能再耐心地听了，只"嗯、嗯"地敷衍着，因为我对这次独自离家，到一个陌生的地方闯荡，心里实在没底，甚至有些为自己当初的选择后悔了。

"别啰嗦了！"父亲的嗓门粗犷了起来，打断了母亲的絮语，我明显地感到其中蕴含着一丝苦涩与愤怒。

"该启程了，我将从此离家，独自奋斗。"我又一次在心里很不情愿地默默告诉自己。父亲拎起了那最重的行李，伴我走进了清晨尚朦胧的天色中。

很多年了，从我上大学的那天起，父亲总伴我走过从家到车站这段离家时的最初旅程。尽管我知道那只被母亲塞满衣物与土产的包很沉重，可我依然惊讶于父亲拎包的手臂会如此不堪重负似地颤抖。父亲的臂膀一直那么地有力，一直是我与兄姐们的依靠与畏惧。幼时，每当我们受到寒冷和饥饿的侵袭时，总是父亲用他的臂膀抱回一袋袋粮食，运回满车满车的柴草与煤；而每当我们犯错误时，父亲的臂膀又成了惩罚我们最具威力的工具，只轻轻地抽打，便会在我们的脊梁与屁股上留下由红到紫再到青褐色的指印，而这抽打，却让我们的身心更快成熟。

可现在父亲明显地开始衰老了，连同他的臂力。尽管父亲那略显肥胖的脸上并没有年轮似的粗大皱纹，可他那稀疏于顶的斑白头发，无时不在告诉我这一不可更改的事实。

然而，父亲的性格依然那么倔强而不服输。他坚持背着那最重的包送我去车站，而不让我换他。父亲的心地与母亲一样永远是美好的，他不愿太劳苦了我们，也怕我们过多地受到风吹雨打，总希望能用他的臂膀为我们支撑起一块没有委屈的空间。

但父亲的努力却越来越显得苍白与无力。我毕业在家的这两年，父亲为能在家乡——这个著名的省城给我找份合适的工作，几乎天天都在奔波忙碌，可他每次回家总一脸的沮丧。我常能听到的就是他的叹息以及对世风的抱怨与不解，认死理的父亲就是弄不明白：为什么学历与专业条件都很优秀的我就不能找份好的工作，母亲把责任归咎于父亲的职位太低与办事缺乏灵活性。父亲虽不以为然，但终是被母亲说动了心，带我去找他的朋友与同事开了后门，只是拉不下脸去干送礼那样的事。于是，我的工作又变得有些希望了，可不知怎的最终还是极为渺茫。自从那次，我们的又一个希望被父亲那个已居显位的老同事爽快而冷漠地回绝后，我便怎么也不忍心让父亲那倔强而善良的心受到更深的伤害了——因为从父亲当时僵硬于脸上的笑容里，我明显地感到了父亲的心在滴血。于是我瞒着父亲，将自己的下半生安置到了那个远离家乡的新兴海滨小城。

当我把这个消息告诉父亲与母亲时，他们很惊讶，也很无奈，父亲更是一个劲儿地叹息，他们没有也不能多说什么，只默默地为我准备离家的物品，希望我在那小城能过得好些。

故乡的车站依然那么繁华与拥挤，我费了很大的劲才买到了离乡的车票。而此时父亲已不顾乘务员的阻拦，抢先把我的行李都搬上了车。车要开了，父亲仍不愿离去，站在车窗下，不停地叮嘱我："要踏实工作，老实做人。要虚心，别以为念了几年书，就什么都懂。最重要的是，凡事都要按照原则，不然会犯错的……"如此多的碰壁，不就是因为父亲倔强而不知逢迎，原则第一而"不会"做人么？可他何以仍如此执著？

车缓缓地开动了，父亲的声音从人群中再次传来：“到那儿，给家打个电话，报个平安……”从车窗探头望去，车站匆匆的人流已淹没了父亲高大而魁梧的身躯，我只隐约见到他那双依然在不停挥动着的臂膀。

蓦地，一种强烈的失落感涌上了我的心头。父亲的臂膀呵！是你给嗷嗷待哺时的我以温饱与舒适，是你牵着我柔弱的小手，让我蹒跚地迈出人生的第一步；也是你拍着我的小脸抹去我因委屈而流出的泪；更是你教我怎样依靠自已的努力做个坚强的人。而今，你将不再是我赖以倚仗的依靠了，我将不得不独自去面对以后的人生。尽管我早知道总有一天会失去你的呵护，可当这一天真的到来时，又不知为何如此的伤感与不愿。

（江　山）

白发亲娘

一个人在异乡，时常思念母亲，眼前总是浮现满头白发的母亲，微驼着背在房前屋后忙碌的身影，想着想着就不禁泪湿眼帘。母亲用太多太多的对子女的厚望染白了她原本乌黑的头发，用太重太重的责任压弯了她原本挺得很直的脊背。从我们牙牙学语、蹒跚学步，到背着书包上学堂，到远隔千里的他乡求学，到走上社会谋得职位，到事业逐步有所收获，我们一天天地长大了，成人了，而母亲却一天天地老了，可她的心间永远充满着作为人母对子女永恒的责任和殷殷希望。

母亲是农家妇女，具备许许多多农家妇女勤劳、贤慧、善良的特征。用她那并不宽厚的臂膀分担着全家人生活的重担。

从我记事起，母亲整天都在忙碌。每天很早起床，到厨房煮饭，小心翼翼地，生怕惊醒我们的美梦，估摸着到时间了才走到床前，将我们轻轻叫起，我们一睁眼看到母亲满脸温柔和疼爱。当我们吃早饭时，母亲又开始了新的忙碌：洗衣、喂猪……记忆中，总是有那么多干不完的活儿缠着母亲。

由于我们兄妹四个都在读书，加上还要赡养爷爷、奶奶，照料年迈的曾祖母，父亲作为一个民办教师，每月只能领到二十多元的工资，加上母亲从生产队劳动所得不仅难以维持家庭正常开支，更不能保证供我们读书。为此，母亲请人介绍到大队砖瓦厂去做工。砖瓦厂活儿很重，基本上没有适合妇女干的活，即使有些活如会计、保管亦或是烧水、煮饭之类的轻活，也早让别人占去了。在砖瓦厂几年时间，母亲和男工们干一样的重活。农忙季节，生产队将麦子、水稻的收割任务常按家庭人口来划分，母亲从砖瓦厂回来，还不能休息，顶着月色得把田间的麦子、稻子割完，第二天天亮再去砖瓦厂上班。由于长期过度劳累又得不到休息，母亲几次昏倒在田里，并由此而落下病根，直到现在还时常看到母亲一番劳作之后使劲揉腰、捶大腿。每每看到母亲痛苦的样子，我就会在心里责怪自己。

辛勤忙碌着的母亲，对我们最大的希望，就是好好读书，将来能有点出息。那年我考取县里重点中学，考虑到家庭经济状况，我说，这重点中学我还是不读了吧！爷爷、奶奶也说，女孩子家，识几个字就行了。可母亲说什么也不肯答应，为保证按月供给我生活费，她劝父亲割舍了他唯一的抽烟嗜好。当我将一张苏州财经学院的录取通知书送到她手上时，母亲笑了，笑得是那么开心，那么畅快。她寄托在后辈身上的梦终于成了现实。次年，哥又考中了徐州警察学校，第三年我们家又迎来了弟弟考取上海师大的喜讯。从未出过远门的母亲，在父亲的陪伴下，将弟弟送到繁华的大上海。

现在母亲最开心的日子就是节假日，我们兄妹回家，一家人团聚，为了我们，母亲耗尽心血。每次回乡，看到村里新砌的一幢幢小楼，而我家仍旧是低矮的青砖平房，孤孤零零地被四周邻居的新楼房环绕在中间，面对着四周的楼房，母亲脸上没有丝毫的羡色，她总是愉悦地对我们说，你们才是我最宝贵的财富，最美好的希望。

在母爱的七彩光环照耀下，我们长大了。当我成为一名财经干部，参加管理全县的财政，当大哥成为一名公安干警，为一方平安东奔西走，当小弟成为市委领导的秘书时，母亲笑了，笑得更开心了。

独自生活这么多年，逐渐适应了在静夜里想家，想我那辛苦了大半辈子的母亲。为了我们能够长大，母亲老了，头发白了。每当此刻，我就会在心底唱起《白发亲娘》，并把它唱出声来，不知母亲能否听得到？

（陆　苹）

感恩是一种快乐的生活方式

她是一个苦命的孩子，来自湖北农村。在她两岁的时候，妈妈不幸患上了精神分裂症。在她初中毕业前夕，家里的房屋在一次地质灾害中倒塌，妈妈也永远地离开了她。这时，她接到了县重点高中的通知书，但是一想到患有严重风湿病的爸爸，她打消了上学的念头，偷偷藏起了录取通知书，作出了辍学的选择。

辍学后，她外出打工。经过一年多的风雨，2000年1月，她揣着省吃俭用的积蓄，在武汉开了一家小超市。为了省钱，她既当老板又当员工，整天忙得不可开交。虽然遭遇了许多困难，但她心里有一个信念：一定要重新走进知识殿堂。这个信念支撑了她六年。六年时间，陪伴她的是日用杂货，还有满满一箱子书和一盏台灯。

她要读书，要学医，要让全家人的日子过得更好。2006年，她如愿走进了湖北职业技术学院，学习临床医学专业。

饱尝人生艰辛的她格外看重亲情，身在校园，心里挂念着亲人。爸爸病弱，妹妹还小，这个时候，她的继母走进了他们家，她对爸爸的再婚十分理解。课余时间，她经常给家里写信、打电话，对继母嘘寒问暖，在电话里叫她“妈妈”，并定期买药寄回家，给继母治病。在母女长时间的交流中，她用行动抹平了血脉的差异，使这个组合家庭充满温情。

为方便照顾父母，在餐馆勤工俭学的她萌生了在学校周围开一家餐馆的想法，这个想法得到了老师们的支持。于是，一家名为“土家女餐厅”的餐馆顺利开张，最初的资金都来自她多年打工的积蓄。

为了降低成本，她每天半夜3点多就起床，骑车去孝感市沙沟蔬菜批发市场买菜，准备一天的经营。做完一切，回校上课。每天六节课，她从不旷课。每学期成绩排名，她都是班上前三名。生活的磨砺让她练就了吃苦耐劳的能力，感恩的心态让她明白了人生真谛。她认为，只要人人都付出一点爱，这个社会就会变得更加温暖。

2007年，她和同学们助养了一名腭裂残疾女婴白小惠，帮小惠联系了武汉市161医院，让小惠接受免费手术治疗。在医生的精心治疗和同学们日日夜夜的悉心照料之下，小惠的身体得到了康复，现在已经和其他正常的孩子一样，快快乐乐地生活着。

为了有秩序、有组织开展活动，她发起成立了湖北职院义工社、武汉城市圈志愿者联盟。她把孝感市奖给她的孝子奖金捐出来，成立了湖北职院感恩文化基金。他们的口号是“有困难找义工，有时间做义工”!

她就是24岁的“全国道德模范”谭之平。2010年，她应邀出现在央视春晚的现场，给全国观众留下了深刻的印象。

作家奥斯特洛夫斯基曾说：“钢是在烈火和急剧冷却里锻炼出来的，所以才能坚硬和什么也不怕。我们这一代也是这样在斗争中和可怕的考验中锻炼出来的，学会了不在生活面前屈服。”谭之平可谓是这样的一块好钢，她经受了生活烈火的考验。即使生活给了我们许多重压，我们也要用一颗感恩的心去面对社会，去帮助更多需要帮助的人，因为这是一种快乐的生活方式。

（午夜阳光）

黑与白

郭增兰是济南乡下一位107岁的老人，郭衣臣是她的儿媳，已经82岁了。儿媳60年如一日，照顾婆婆的饮食起居。两位老人其乐融融的样子，让人羡慕不已。

在一次记者采访中，婆婆讲了一个故事。婆婆说，自己年纪大了，眼花了，有一次，她坐在小煤炉旁取暖，看见炉子边上的炭是白的。她问媳妇，这炭怎么是白的呢？媳妇放下手中的活走过来，说，妈，这次咱买的炭就是白的。媳妇说的很认真，婆婆听得不住点头。婆婆最后补充说，其实，炭哪有白的啊，只不过是媳妇为了让我高兴才这样说的，这么多年了，媳妇总是顺着我，从没和我红过脸……

是啊，我们可能没有很多钱物、很好的条件，去孝敬老人，但我们可以用“顺”来成全“孝”，用关怀和体贴让老人快乐开心。在孝心面前，把黑说成白，也是一种温情啊。

（胡明宝）

一粒飞翔的扣子

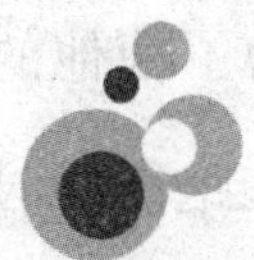

他是单亲家庭的孩子，父亲在他很小的时候就出意外去世了，母亲为了他，一直没有再嫁，许多年来，靠着四处打零工，含辛茹苦地将他养大。

参加中考那年，他背着母亲，偷偷地报了中专。以他的成绩，考上重点高中是没有问题的，然后就可以去圆他的大学梦了。但为了能够早日参加工作，减轻母亲身上的重担，他还是私自做了报考中专的决定。两个月后，通知书下来，他得偿所愿。

临开学的前一天，母亲领着他去商场，千挑百选地选中了一件在她看来又漂亮价钱又不算太贵的衣服。他是不大相中的，可是他似乎没有发表意见的权利，母亲问都不问他一下，就霸道地买了下来。她坚信她给儿子买的这件衣服是天底下最漂亮的衣服，能让她的宝贝儿子成为天底下最帅的孩子。殊不知，在学校里，那件衣服却是最土气的，同学们翻白眼嘲笑他“土包子”，他便动了要换一套行头的念想，可他心里也清楚得很，为了供他上学，母亲已经累得恨不得佝偻成一个句号。可是少年的虚荣心还是占据了上风，最后，他咬咬牙，写了一封信：“妈妈，新学校的环境很好，你别担心。我每天吃的好，睡得好，学习也刻苦。老师们都夸我学习用功呢。”

为了使他的信更具有真实性，他还故意编造了一个小事件，他说他在跑赛的时候不小心摔倒了，把上衣的一粒纽扣弄掉了，衣服也破了个很大的洞，“这件衣服看来是无法修补的了，妈妈，请您给儿寄来200块钱，我自己去买一件衣服。其他都好，勿念！”

没几天的工夫，汇款就到了，随着汇款一起到的，还有一封信：“吾儿，身体没摔坏吧，有没有让校医好好检查一下？妈不在你身边，你要懂得照顾自己。钱已汇去，你自己去买衣服吧。另外，那件摔破的衣服不要扔掉，你可以把扣子缝上，坏的地方也可以在里面缝补一下，那样你就可以两件衣服换着穿了。好了，不说了，无论何时，都要以学业为主，不要为旁事分心，不要惦记妈，家里一切都好。”

他想，母亲真是个老古董，这么容易上当受骗呢！

他把信折好，准备放回信封里。可是当他拿起信封的时候，却从里面掉出来一粒扣子。他愣住了，心中有种说不出的滋味。其实，那样的扣子随处可见，可是母亲却千里迢迢为他寄来，因为母亲坚信，只有她的扣子才配得上她儿子的衣服。对她的儿子没有一丝一毫的怀疑。

再往外倒，竟然还有一根穿好了线的针。慈母手中线，游子身上衣。在这一刻，他感觉到这句古诗写得是多么贴切！

那个信封竟然像有待开发的宝藏一样，层出不穷地变幻出惊讶和感动！那粒扣子是灰色的，暗淡无光，可是却刺得他眼睛生疼。他轻轻地捧起那枚扣子，仿佛捧起了母亲的心。他时时刻刻能够感受到那粒扣子带给他的温暖。他终是没有花掉那200元钱，而是偷偷地攒起来。他要留着它给母亲买一件漂亮的衣服，因为只有母亲，才配去穿天底下最美丽的衣裳。

（朱成玉）

善再往前一步是上善

一位年过花甲的母亲，经常到古刹的简朴的招待所里小住，坐禅或者帮忙，一心向善。女儿前去看望母亲，停留一日，目睹了她是怎样在点滴小事上做到了上善。

凌晨五点多，大家开始吃早饭，虽然已经交过食宿费，母亲仍然坚持自己刷碗，还找机会替别人刷碗、烫碗。母亲说这是“顺手的事儿，到了这儿，要跟自己家一样”。

女儿帮母亲收拾房间时，看到用过的一管胶水和一支水笔，准备扔掉。母亲阻止说，这些东西是她走到隧道外很远才买回来的，留下来，就免得下一拨人用时又跑那么远去购买，更不能浪费东西，可是当女儿放好时，她又担心服务员打扫房间时当成垃圾扔掉，立刻跑到楼下，交给总台，再三叮嘱。

这位母亲不仅在古刹是这样，以往在家也是不厌其烦地“多走一步”。一株滴水观音，新生出很多叶子，叶子挤着墙壁折弯下来，她看到后，定会在第一时间冒着闪腰的危险，努力挪开花盆，让叶子舒展起来。家里谁将一件衣服以领子朝下的姿势挂着，她也会过去重新拄好。连一双鞋子，她也不允许东一只西一只，或者一只扣在另一只上面，否则，她会为鞋子感到不舒服而睡不好。家人带她去吃火锅，她提前告诉服务员，不要那种竹签穿起来的基围虾。人们吃荤时，“杀生是难免的，但要痛快点儿。”她说。

这位母亲爱孩子完全出自“我自己的需要”，不感到辛苦，也不唠叨他们以后报答自己。她待朋友们好，“只是因为他们人好”，从未想过对方有无用处。哪怕自己拮据，她也常常捐款给陌生人，“这样我心里好受些”。曾经，她捐款给寺庙，别人含蓄地告诫她，现在连寺庙也商业化了。她则说，师傅们也要生存。她将善良进行到底的底气是：“哪来那么多坏人？我要是怕失去，防人家，别人也防我。”

对比母亲，这个女儿不由感慨万分：如果助人之举太麻烦，自己可能只做到第一步，不愿花费精力去做第二步，或者根本想不到还有下面的步骤。而这一步之差，却有天壤之别。

善和上善的差别正在这里，在善的基础上多走一步便是上善。上善若水，因为温柔至极的水绝不犹豫最后一步，更不保留最后一步，哪怕只剩下最后一滴，它也要留下自己爱和慈悲的履痕，行之最后，行之更远，行之上善。

（義水羽衣）

你为父母做了什么

一家城市晚报最近开展了一项“父母为你做了什么？你为父母做了什么？”的问卷调查，要求答卷者必须讲真话、道真情，不允许说半点儿假话。问卷调查的几十个问题在社会上引起了极大的反响。不久，该报陆续收回了数千张读者答卷，也有数万人在网上回答问卷调查中的问题。经过工作人员几天几夜的紧张汇总统计，结果是这样的——

父母记得你的生日吗？100%的人回答记得；你记得父母的生日吗？81%的人回答说不清楚。

父母曾为你买过生日蛋糕吗？100%的人回答说买过；你曾为父母买过生日蛋糕吗？76%的人回答说忘了、没顾上。

你小时候父母曾带你去过公园或到风景优美的地方游玩过吗？100%的人回答去过很多次；你曾搀着年迈的父母去过公园或到风景优美的地方游玩过吗？91%的人回答因工作太忙没有顾上。

父母过年时曾给你买过新衣服吗？100%的人回答买过；你过年时曾给父母买过新衣服吗？80%的人回答说都是送给父母自己不穿

了的旧衣服。

父母曾为儿时淘气的你洗过又臭又脏的脚丫吗？100%的人回答洗过；你曾为年迈行动不便的父母洗过脚吗？99%的人回答没有。

你年幼吃鱼时父母是否怕鱼刺卡住你，曾为你一一挑过鱼刺吗？100%的人回答挑过；父母吃鱼时你是否怕鱼刺卡住父母、曾为年老眼花的父母挑过鱼刺吗？99%的人回答没有。

你小时若有一点儿小病父母是否着急得马上连夜带你上医院？100%的人回答是的；父母若有一点儿小病你是否着急得马上连夜送父母去医院？98%的人回答没有，只有生大病了才去医院。

你小时若拉了一床屎尿父母是否嫌弃过你脏？100%的人回答没有；患病卧床的父母若拉到床上一点点你是否嫌弃过父母？91%的人回答有点儿。

你小时出门时父母曾为你系过鞋带吗？99%的人回答系过；年老的父母出门时你曾帮父母系过鞋带吗？100%的人回答没有。

父母曾为儿时的你拍摄过许许多多的能装满几本影集的照片吗？95%的人回答拍过；你长大后曾为父母拍摄过许许多多的能装满几本影集的相片吗？100%的人回答没有。

你在外地上学时父母是否曾把你的照片摆放在家里最显眼的位置？96%的人回答是的；你在外地上学时是否曾把父母的照片摆放在学校宿舍里的桌上？99%的人回答没有。

你想吃什么父母是否马上去给你做什么？99%的人回答是的；

父母想吃什么你是否马上去给父母做什么？88%的人回答没有。

父母有什么好吃的东西是否总是先让你吃，有时宁愿自己吃差的也要把好的留给你？100%的人回答是的；你有什么好吃的东西是否总是先让父母吃，有时宁愿自己吃差的也要把好的留给父母？97%的人回答没有。

父母知道你最喜欢吃的是什么吗？100%的人回答说知道；你知道父母最喜欢吃的是什么吗？89%的人回答说不大知道。

父母是否曾经为你担心、牵肠挂肚得吃不下饭、睡不好觉？100%的人回答是的；你是否曾经为父母担心、牵肠挂肚得吃不下饭、睡不好觉？94%的人回答没有。

父母曾经拥抱过你、亲吻过你吗？100%的人回答是的；你曾经拥抱过父母、亲吻过父母吗？92%的人回答没有。

你回家晚了父母是否一直坐卧不安，时时刻刻地牵挂着你？100%的人回答是的；父母回家晚了你是否一直坐卧不安，时时刻刻地牵挂着父母？89%的人回答没有。

父母是否在雨雪中等过你、接送过你？99%的人回答等过、接送过；你是否在雨雪中等过父母、接送过父母呢？87%的人回答没有。

你离家大半月父母是否特别想念你？100%的人回答是的；父母离家十天半月你是否特别想念父母？96%的人回答没有或印象模糊了。

你曾经为父母做过的最令父母感动的事是什么？96%的人回答说实在想不起来了；父母曾经为你做过的最令你感动的事是什么？100%的人回答说那实在是太多太多了。

现在，你是否愿意为父母做些什么？是否愿意为父母做一顿饭、掖一下被角、去一趟公园、挑一回鱼刺、洗一次脚、送一个亲吻或买上一块生日蛋糕？约有一半的人回答说当然愿意，约有一半的人回答说父亲或母亲或父亲母亲均已不在了……

（吕　游）

爱的家书

不知为什么，最近上火特别厉害，口腔溃疡非常严重，说话吃饭都很困难。心情也异常焦躁，有一种莫名的想哭的冲动。打电话告诉了爸爸，爸爸心急如焚，很快让人捎来一些草药和一封很久未曾收到的“家书”：“女儿，照顾好自己，把这些草药吃下去，是你妈生前种的。你一定要煎服三次。要是你妈在肯定会为你多想办法，父亲就不一样了，不能来照顾你。你一定要照顾好自己，父亲还需要你呀……”信还没看完，早已泪流满面，不禁想起了我的母亲和那份遗失的家书。

遥记当年，母亲总喜欢看我和姐姐给她写的书信。书信中常有我们姐妹俩的豪言壮语。但凡有些许对她的牵挂与依恋，都会让她笑逐颜开，喜上眉梢。

十多年前的日子，或许是母亲最欣慰的时光。那时我和姐姐都金榜题名，分别去了离家很远的异地求学。而我们姐妹也是常把她思念，常把书信写，捎去对她和爸的想念与牵挂。她常常得意扬扬地在众人面前念叨我们姐妹俩的书信，而且逢人就夸：“谁说女儿不如男，我们家的女儿都有出息，家养千金是福气……”诸如此类的话，不知引起众乡邻多少艳羡和妒忌。

参加工作了，无暇再写信给母亲，取而代之的是我为她买了时尚的手机。但是据我观察，发现怀旧的妈妈从没有弄丢一封信。她居然一封一封地把它们收拾好，用一个蓝色书包装裹着，很宝贝似的。一有时间，就戴着她的老花眼镜悄悄地看，重温过去的喜悦，沉浸在美好的回忆中。而我老是笑母亲："现在什么时代了，还留着它们干什么？干脆烧掉算了。我想你了也不需要写信，想听声音就打手机，多省事啊！”母亲笑而不语，依然宠着那些宝贝。

直到前年，不幸降临。她被查出晚期肠癌。我和在外地工作的姐姐如堕深渊，精神都要崩溃了。在最后的日子里，我和姐姐因为工作不能时刻陪在她的身边，陪伴她的是曾经的那一沓沓书信。每次去看她时，她会高兴地给我讲信里面的内容，一个劲儿地夸我懂事、嘴甜、文采好。有一次我的学生去看她，她说我的学生也像我一样能说会道。因为当时我学生说了这样一句话："感谢您为我们培养了一位好老师。我们老师是您最优秀的女儿，也是我们最值得尊敬的老师。”她为此兴奋了很久，似乎已全然忘却了疼痛……弥留之际，母亲手中还牢牢抓着一封我曾写给她的书信……

现在，我不知那一封信已丢失在哪里。直到现在还是没有找到那封信。眼看她的祭日要到了，我不知她是否还在念叨那封遗忘的家书。但是，我会写一封信，捎去我对她的思念。连同那些未曾丢失的书信一起，烧给她，让这些家书继续陪伴天堂里的母亲，让她知晓女儿的近况、女儿的思念，让她感到我对母亲的爱，让她还和以前一样幸福、满足，永不寂寞。我要告诉她：母亲，女儿一切都好，您在天之灵，好好安息！

我想，母亲一定能感觉到我的呼吸，能听到我的声音，她能看到我写给她的家书……

（蓟小玲）

丢掉所有烦恼去看娘

我这次回老家，心情不好，因为下岗了。

快到家的时候，看到娘站在路口，像一棵经历多年岁月风霜的老木桩立在那里。看到这一幕，让我的心说不出地疼。

娘看见我，惊喜地问："你怎么回来了？也不提前打个电话，我好给你准备一些好吃的。"母亲说着话，脸上却笑得像一朵盛开的菊花。

每次回老家我都不提前打电话，因为回家的时间不确定，如打了，一旦汽车晚点或临时有事回不来，娘会很牵挂，会彻夜睡不着。看到娘的白发又增添了许多，我禁不住走上前，把娘的头发用手梳理整齐，说："娘，您怎么不把头发剪短一些？"我以为娘的头发剪短了，白发就会少些，就不会显得这么苍老。在我儿时的记忆里，娘很美丽，如今岁月无情，在娘的脸庞上刻下一道道痕迹，堆满了沧桑。

娘说："不用担心，我身子骨硬朗着呢，我每天早上坚持锻炼，真害怕一旦病倒了，会连累你，让你不能安心工作。"

饭后，娘一如既往地和我唠起了家常，如果是以前，无论娘说什么，我都会耐心地坐下来听，并且装出很有兴趣的样子。可是这一次，娘问的多，我回答的少。我一想到自己下岗，心情就不由自主地沉重起来，不想多说话，认为娘的唠叨多余，最后，忍不住冲着娘大声喊道："娘，少说点吧！"

娘急忙哑声了，心细如发的娘看出了我心情不好，只好黯然无语地走出屋。娘虽然走出屋，可因为担心和不安，不时地在窗外走来走去。

当痛苦与压力来临的时候，我就格外地想念无忧无虑的少女时光，第二天清早，我想去看看记忆中的莲溪书院，重温少女时代的梦想。

莲溪书院是清朝时的名字，后来改名为项城师范学校。莲溪书院三面环水，一条小路把书院与外界连接，小路上的那座浮桥是我每天必经的地方，每天晚上，娘总会站在桥边接我。

记得有一年冬天的夜晚，雪下得很大，娘站在路口等我。我放了晚自习，又写了一会儿作业，已是晚上11点了。我以为娘不会来接我了，可是走到桥边，看到娘像雪人一样，忍不住哭着说："娘，您以后别来接我了，我都14岁了，是个大姑娘了！"可是娘怕我掉到河里，怕我摸黑走路害怕，依然故我。

我又看到了芦苇荡。在河中央的一座高台上，冬天，我常常到这里摘芦苇缨子让娘编草鞋。娘编的草鞋很精致很暖和，鞋上面编

出“好好学习、天天向上”的字样。因为家里贫穷，我在学校从来不和别人比吃穿，就是盼望冬天来临的时候，当别人说我的草鞋很漂亮时，心里获得一种满足和自豪。

娘老了，最怕的不是疾病，不是死亡，而是寂寞。保加利亚作家海托夫在《趁母亲还健在》中说过一句话：“趁母亲还健在时，去爱她吧，说出对她的爱吧！一定！那是因为，明天或许就晚了，到那时，那些没有说出口的感激的话语、爱的话语将如骨鲠在喉，使你感到沉重和痛苦，无法解脱！”我不能打破娘的幸福。于是，我一扫眼前的阴霾，心情变得晴朗起来，开始和娘有说有笑。我在家多住了几天，陪娘散散心，给娘洗洗澡，剪脚指甲、手指甲。娘看到我的笑脸，愁眉渐展。

要回省城了，娘送我，再三叮嘱，一定好好地工作和生活。我使劲地点着头，我知道，娘晚年最大的幸福就是女儿生活平安，工作顺心。不把烦恼带回家，是我唯一能带给娘的。

（牛文丽）

感恩的人朋友多

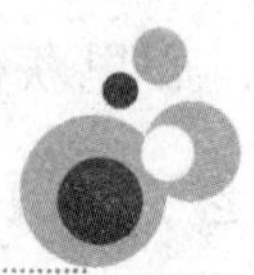

楼下是一排自行车车库，一天早晨下楼，不经意间看到一间车库的外墙刷成了白色，上面用红色的大字写着：感恩商店。不知道是谁开的商店，还起这么一个有意思的店名。

走过这间车库门时，看到坐在里面的是楼上邻居家的男主人。哦，我这才想起，前几天听他打听申请烟草销售证件的事，原来是为开商店作准备的。这个男主人原来是做物流的，二十几岁就已经把生意做得风生水起。偶尔他回家时，上下楼遇到他，我们都会和他开开善意的玩笑：大老板怎么有空回到小县城啊？他也会笑着回应：再小的县城也是亲亲的家乡，再大的老板也要回家探望父母妻儿啊！说说笑笑之间，楼梯间气氛和谐轻松。

有一天下班回家，老爸告诉我说：楼上的小老板去幼儿园接孩子时，一不小心骑摩托车撞上了路边的围墙，现在在医院抢救呢，情况很严重。等左邻右舍陆续下班后，大家商议了一下，决定一起去医院看望一下小老板。

躺在抢救室里的小老板人事不省，满头都是血。看着神情严肃的医护人员忙忙碌碌的样子，我们以为小老板这一关恐怕难以闯过来了。

还好，小老板的情况一天天见好，在医院里住了三个月后，他终于出院回家了。不过车祸对他的伤害很严重，基本失去了劳动能力，从前的业务肯定是无法打理了。

因为行动不便，小老板很少下楼，我们见面的机会也就少了。不过隔着防盗窗看过去，我发现小老板家的阳台上多出了很多花盆，花花草草一年四季此起彼伏，隔三差五地早晨还能看到小老板提着水壶给花草们浇水，虽然动作还不太协调，但是每次却也一盆不落地仔细浇个遍。那些小苗在小老板的精心侍弄下，一转眼就葳蕤成一盆，姹紫嫣红挤满了阳台。

有时候我也注意到，小老板站在花草之间会出神好半天，我想，生意的倒闭、生活的压力可能远比伤痛的折磨更加让小老板伤神吧，换谁也受不了生活在一瞬间大起大落呀！

小老板虽然不再闯荡世界，但是他并没有把自己锁进封闭的天地。偶尔邻里需要用车时，只要他知道，立刻就会一个电话帮你解决，这一点依然和他从前做的一样。逢年过节也可以看到有朋友过来看他。他曾不止一次地说起过：朋友们都没有忘记我，来看望我不但会留下一些钱物，还纷纷安慰我日子慢慢来，不要着急……

望着“感恩”的店名，我明白他感恩什么了。他感恩生活在重重地伤害了他之后，还给他留下了活着的机会；他感恩遇到困难后，朋友们一个也没有忘记他；他感恩大难致残之后，虽然艰难却仍然可以自食其力。其实，生活也应该祝福他，祝福他重伤后的坚强、乐观和自立。

或许一贯不张扬的小老板，并不愿意我把他的事情这么详细地写出来，但是请相信，我真的是想借助文字表达对他的敬意与祝福，也希望更多的正陷在磨难中的人能学学小老板的活法！

（华庆富）

爱是一朵坚持开出的花

“我的好孩子，你们都有自己的父母，可是却一直记挂着两个跟你们没有任何血缘关系的老人。宝元不能做到的，你们都替他做到了。在我的心中，你们就是我的闺女、儿子……”这是一个失去两个儿子的老人，在一个特别的重逢午宴上，自己所写的发言稿的一部分。

坐在台下倾听的，是姓氏各异的他的“儿女”们。在这些“儿女”中，有个人悄悄地走了出来，他要去看望与他阴阳相隔的兄弟李宝元。沿着蜿蜒的山路，他来到山脚，满眼含泪地说：“宝元你放心，你的父母，我们会帮你照顾。”他叫王贵鹏，是李宝元大学时的同学。

事情还得追溯到15年前。1993年，王贵鹏带着梦想走进了河北农大园艺系果树93（01）班学习。他清楚地记得，上大学的第一天晚上，宿舍里八个人作自我介绍，其中一个同学给他留下了深刻的印象，这个人就是来自承德的李宝元。几年前，李宝元的哥哥在22岁时病逝，父母都是普通的农民，家里为给哥哥治病已欠下了不少的债。上大学的第一天，宝元就说，他一定要好好学习争取得到奖学金，给家里减轻负担。他没有食言，通过自己的努力，他在第二学期就担任了班长。

1995年的一天，李宝元忽然全身疼痛，王贵鹏和他的舍友赶紧把他送到了保定市第一医院。医生检查后说，必须住院。

虽经努力，但是李宝元终究没有争过死神。从这时起，王贵鹏把一行字刻在了心里：承德市承德县下板城镇乌龙矶村李维贺。这是李宝元的家乡，李维贺是李宝元父亲的名字。王贵鹏在心里默默承诺：宝元的父母，我得管！

毕业后，王贵鹏深切体会到了生活的艰辛。可是，无论自己的生活如何，他都会节衣缩食、省吃俭用，一直坚持给老人汇款。而他的行动，已整整坚持了15年。

五千多个日月轮回，拉长了岁月，绵延了思念，增长了汇款单上的数字……2011年4月6日，在河北沧州大浪淀水库管理处工作的王贵鹏专程去承德看望了李宝元的父母。临别时，如同所有的儿女一样，他将钱“强行”塞到了“父母”的口袋。面对记者的采访，王贵鹏说：“我会继续照顾老人，给老人寄钱。不为那个约定，只为心中的真情和善念，为的是那份永不改变的同学情谊。”

偶然的机会，王贵鹏得知，其他同学也在默默地关注着老人，给老人写信、寄钱，这竟然成了一个没有约定的约定。

当他们这些没有血缘关系的儿女相约探望他们承德“父母”的

时候，就出现了文章开头的那一幕。央视栏目组也来跟踪采访，挖掘“身边的感动”。当年的一句话，15年的坚守，一辈子的约定——这样的坚持，这样的爱，真挚、饱满、深沉、热烈，它是能够开出花来的。这花，会开在人世间的每一个角落，会开在人心的每一方尺寸之间，馨香沁心、绵长隽永地丰盈着人们的心田。

（谷　煜）

最朴素的感恩

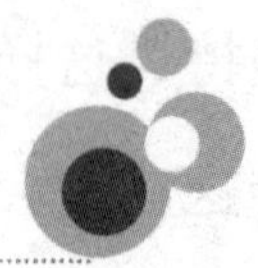

最朴素的感恩常常来自懵懂孩童。那种天然的真诚能直抵每个人心中最柔软的角落。

2011年春节刚过，湖北黄州的年轻干部陈锋参加“万名干部下基层春风行动”，被派到穷乡僻壤驻点，住在一户农家。这户是典型的留守家庭，老祖母独自带着三岁的孙子生活，老人的儿子和儿媳都在南方打工，两年才回来一次。陈锋刚到这个家的时候，特别注意到那个三岁男孩，他腼腆害羞，像一只胆小的兔子，远远地躲在角落里，惊恐地注视着眼前的一切。男孩的祖母说，这孩子生下来不久，父母就出外打工了，一直不在身边，所以打小怕人，都快三岁了，还不会说话。掌握这个情况后，陈锋从送糖果给孩子开始，到牵着孩子的手做识字游戏，直到和孩子睡在一块儿讲故事，把大部分的心思都用在孩子的身上。一个多月后，奇迹发生了。有一天，陈锋像往常一样走进男孩的家，没有想到，从来不开口讲话的孩子，竟然跑过来一把抱住他的腿，开口喊他：“爸爸！”后来，陈锋对朋友们讲这段经历时，两眼湿润，感慨地说：“这一声‘爸爸’，喊得我心里直颤，那一刻我感到所有的付出都值得!”

我们能够理解陈锋的这份感动。孩子那真切的一声呼唤，其实就是一种朴素的感恩，它所蕴含的情感温度，足以让没有血缘关系的两颗心完全融合。是的，孩子的心灵最纯洁，离虚伪最远，靠真诚最近，不会矫情，也不会夸张，只会像镜子一样真实地呈现。所以，当我们把爱一点一点传给他们，他们就会以自己的方式进行回应。只是这种回应很朴素，有时朴素得可能只是一段潜藏的心思。

“80后”女教师董岷岐和丈夫一起，到四川省丰都县董家镇彭家坝村小学支教。支教期间，董岷岐把七岁女孩黄秋钰接到自己家里同住，因为，小秋钰的母亲跟人私奔，父亲弃家不顾，爷爷残疾，奶奶身体也不好，完全没有大人照料的小秋钰，个子矮矮的，看上去只有五岁模样，浑身上下脏兮兮、臭烘烘。董岷岐实在可怜这孩子，把她当亲闺女对待，为她洗澡，给她换上干净衣服，让她中午晚上都有肉吃。董老师的好，像温泉一样把小秋钰的心灵浸泡得温润起来，她打心眼里想为她的董老师做点事情。不久，董岷岐怀孕了，小秋钰也终于有了主意。2010年寒假，她卖掉平时捡回的饮料瓶，然后以每只1.5元的价格，买来20只小鸡仔，精心地饲养起来。整个寒假，她每天拿着小玻璃瓶，满村捕捉蚯蚓，搜集剩饭，拿回家喂养鸡仔。为什么要这样呢？因为她有一个小心思，她想，等到董老师生孩子时，正好可以吃上这些鸡下的鲜蛋了。

多么晶莹剔透、温润光滑的情感哪！董岷岐得知这孩子的真实想法后，觉得自己是世界上最最幸福的人。

人常说：羊有跪乳之恩，鸦有反哺之义，呼唤着结草衔环的感恩情怀。这当然不错。然而，真怀慈爱之心的人，他们的付出其实并不是为了“结草衔环”，能够获得点滴回应就已经足够。哪怕这份回应仅仅只是一声真切的呼唤，或者一段真诚的心思。因为，最朴素的感恩最纯洁，也最动人，那是人性当中最美的一道光辉，足以照亮整个人生旅途。

（孙建勇）

别让亲情等太久

一

朋友在电视台工作，并不清闲。由于买房在即，我便想向她取经，是怎么忙里偷闲把房子装修下来的。她指着墙上的一些装饰说，知道吗，这间房子的装修，除了那些装饰是我贴上去的，剩下的全是老爷子操心给装修的。她说，本来是找了一家装修公司，可从一开始，老爸就嫌贵，从两万元一直降到了八千元。

那段时间，她很愤怒。家里就他们姐弟两个，而为了送弟弟出国留学，老爸已经在他身上花了近十万元，她好不容易买个房子，这边却一而再、再而三地和别人压价。心里郁闷，嘴上也不闲着，想到什么，马上就说出来。

老爸脾气也暴躁，三说两说，两个人就吵翻了，然后是老爸气呼呼地从她的房子里离开，嘴里还说，你随便，我再也不管你了！可常常是第二天，她回到房子里，还会看到他在那里指挥着工人爬上爬下地装修。

买圈椅的时候，她看上了一套连茶几在内的圈椅，可老爸非说，同样的东西，在更远处的一个批发市场更便宜。她也索性赌气，再也不提圈椅的事。没想到，老爸却拉来叔叔，周末跑到那个批发市场，帮她买回了圈椅和茶几。她当时一看就乐了，不仅与她看的那个大致相同，而且价格也相同，加上油费、吃饭什么的，反而贵了很多。可是，真正坐下来的时候，她发现，老爸挑的比家具城的那个舒服很多。

她坐在那里，抬起手拿茶几上的电话，高度也恰到好处。再看墙壁，虽然没有刷成自己最喜欢的粉色，但这种纯白的颜色，确实能给自己带来宁静。想了很久，她决定给老爸打个电话。那天已是很晚，老爸很久才接电话，她激动地说，“爸，谢谢你，椅子坐着很舒服，是我坐过的最舒服的椅子。”

老爸在电话里低声笑着，这孩子这么晚了还打电话，搭错筋了吧，好好睡，明天还要早起呢。

不过就是普通的话，她眼泪却掉下来了。她低低地在电话里说，“爸，对不起。”她知道，老爸不过是一个小公务员，不贪不占，并没有多少积蓄。

又过了几天，正在台里编片子的她，突然接到了老爸的电话，电话里，老爸沉默了一会儿，突然说，孩子，对不起，其实，在爸心里你们两个都是一样的，你买房子、装修，爸没本事，只能帮你这么多。说着，竟然哽咽。

后来她才知道，那天老爸喝了不少酒。而她打电话的那晚，老爸一夜未眠。老爸对老妈说，不管怎么样，亲情不会骗人，总是能等来喜悦和理解的。

她讲完了，手轻轻擦拭眼角，那里有欢喜泪。

二

我做创意总监时，曾经想招一个美编。老总开出了很苛刻的条件，要带来作品。

天下大雪，这个城市好久不见这么大的雪了。刚上班不久，前台就告诉我，有人找，说是应聘的。

让她进来，是一位五十多岁的女人，腋下夹着一卷纸。看到我，有些不知所措，把纸递上来，说，这个作品是我女儿的，她今天没法过来。

我展开作品，是一幅3D设计图，看得出来，她女儿很有功底，比较符合我们的要求。我点点头，然后向她要了联系方式，随口说了句，你下去等消息吧。

下班时间，我走出大楼，抬头看了一眼继续阴霾的天，突然，身边有个怯怯的声音喊我，哎。

回过头，竟然是她。她在那里，很期待地看着我，你说过让我下来等消息的。

我笑了，不是要电话号码了吗？是让你回去等消息。

她怔了怔，似乎没想到是这样，继续问，是不是有希望？

关于希望，我不知怎么回答她，可是，从她的眼中，我看出了一点儿我不忍心回绝的东西。

我点头，看她喜悦地走远。大雪的天气，大厅里没有空调，她竟然足足站了4个小时！

后来，我特意通知了那个女孩，不仅是因为她母亲，还因为她的才气。她过来时，是满脸不如意的模样。她与我们前台接待在一个学校里待过，有些熟悉，在那里唠叨。原来，她不想待在这个城市，一心想着去上海或是深圳，说那里才有自己发展的目标。

我把前台喊过来，打听她的情况。前台接待说，她很小的时候，父母就离了婚，从小跟着母亲生活，十分娇惯。上大学那几年，她母亲几乎年年都要去那个城市里小住几个月，租了大学附近的房子，因为放心不下她。

我心里，已然明白。

轮到她面试的时候，我让她设计一位母亲在冰天雪地里等孩子回家的画面，不用绘草稿，直接用语言表达。她确实小有才气，口若悬河，天气、时间、环境甚至连暖与寒的对比都说出来了。

身边的老板很满意。而就在此时，我说，你知道吗？你妈妈把你的作品送来时，因为听错了一句话，在寒冷的大厅里等了4个小时。

她沉默了，所有人都沉默了。

后来这个女孩留了下来，在公司聚会时与我谈心，她说，就在那一刻，自己突然明白了母亲一直在等什么，在等自己留下来，留在让她永远不会担心的地方。

三

有这样一个小男孩，放学回家晚了，却还没有等到母亲下班。他知道，母亲常常加班加点，他就蹲在那里等。邻居劝他，先到我们家里吃饭吧，他不，他相信一定会等到母亲的。

母亲很晚下班时，他的视线已经变得模糊了，可是看到胡同口的身影，还是快乐地飞奔上去，第一句话，妈，可等到你了。

这句话几乎伴随了他的整个小学时期。说这句话时的兴奋、激动、喜悦，历历在目。

长大后，他去了外地工作，买了车，买了房。也曾想过把父母接到城里来生活，可是因为不自由．或是因为不方便，他告诉自己，再等等吧。

城市离家不远，他每星期回家一次，开着车，准时6点出发，8点到家。可有一天，因为帮一个朋友办事，他出发晚了，手机恰恰又没了电。往家里赶，偏偏在出城时遇到堵车，一切慢吞吞的事情挤在一起，他到晚上11点钟才到家。快到家时，远远地，车灯前映出一个人影，焦急、紧张地张望。

是母亲，他下车的第一步，母亲说了句，哎呀，可等到你了。

一句话，就那样穿越了他数十年的时光，一下子扑面而来，让他几乎透不过气。

他就那样，怔在了车前，良久，才走到帮着他提行李的母亲身前，抱住母亲，说了句，妈，我也等到你了。

他把父母接到了城里，每天按时下班回家。后来他换了个大房子结了婚，每次给下属开会或是聚餐，他总是要下属早点回家，他说，别让亲情等太久。

他常说，世上最持久最恒久的感情是亲情，不管是否有伤害、有动摇、有忽略，因为那一份绵久敦厚的情在那里等，总是会等到谅解、等到坚定、等到在乎的。因为这种感情，不是两人相遇后产生的，而是从一开始，就注定了血浓于水。

（上善若水）

感谢您是我父亲

六月的旧金山，薄云蔽日，风和气爽。我读着报纸，注意到东海岸是多么炎热。我还注意到“父亲节”正在临近。放下报纸，我注视着书桌上的一张照片。那是几年前的夏天在缅因州拍摄的，我和父亲站在一起，我们的手臂彼此搂着对方的肩膀。我仔细审视这张照片，父亲笑得合不拢嘴，尽管鬓发花白，俨然一副冰球运动员的派头。他年轻的时候，常常沿着海滩与我追逐嬉戏，带我下海游泳。他教我怎样划船、滑雪、劈木柴。而今他年逾古稀，双眼深深镶嵌在一张布满皱纹的脸上，而那张脸还趾高气扬地歪斜着。我仿佛能闻到他身上的烟味、酒味。我决定给老爷子打个电话。

“下午好！”他喊道。我母亲拿起了另一个电话，并告诉他戴上他的助听器。

“在我的口袋里。”他说。我能听出他在摸索着拿助听器的声音。在这同时，妈妈说他们新近喂养的小狗简直在逼得她发疯。

“实际上，让我难以忍受的不是狗，而是你爸，”她说，“每当谢普一时心血来潮，就会跳过栅栏，扬长而去。然后你父亲就担心、等待，直到它回来。有时候直到凌晨两点钟他还在外边，呼喊那只狗，吵得人不得安宁。等谢普回来后，他又用西班牙语训斥它，好像狗能听懂似的。”

“它正在学，”父亲说，“你妈认为我是个大傻瓜，也许她是对的。”

“你这不是还在大喊大叫吗？”母亲说。

他不理睬她的话，问我的情况如何，我告诉了他。

“当个自由作家挺好，”他大声说道，“但是你需要有个社会保险。你不应该去当酒吧服务员和干建筑活儿。你接受了大学教育，为什么不利用它呢？如果你生了病怎么办？你知道住医院得花多少钱？”

“我不明白你是怎么搞的，”为了改变话题我说道，“你抽那么多烟、喝那么多酒、吃各种各样不适当的食品，但你仍然无病无恙。”

“你说得对，我比我的同学活得都强。”他毫不夸张地说。

“听着，我听说‘父亲节’快到了。”我对他说，

“什么？”他从来不关心这类事情。

我想对他说点什么，但又不知该从何说起。我想感谢他让我欣赏到的那些冰球比赛，感谢他陪我下棋，感谢他让我读到的那些书籍，感谢他让我享受到的龙虾晚餐。我没有忘记，在过去的44年里，我和他有过的分歧和冲突，我们彼此有过怄气、失望和咒骂。但是

那些已是很久以前的事了。

我想为我18岁那年一拳打在他脸上而向他道歉。但我说出口的却是："我很抱歉从你的篷车顶上跳了过去。"

"你那时只有6岁。"他朗声笑着说道。

我急忙接着说："你还记得吗，在板球俱乐部我想拿糖块喂驴子，你拍它的屁股，被它踢了一蹶子?"

"记得，"他大笑着说，"该死的畜生，踢碎了我的膝盖。你一直觉得那事很可笑。"

"还有你带我上过的所有那些船。"我补充道。

"有几艘还记得，"他承认，"孩子，你真的把我带回到了过去。"

"我喜欢那些船。"我告诉他。

"但是我至今也不能相信，你居然参加了海军。你还当了一名海军陆战队队员。"

我什么也没说。

"我们飞往加利福尼亚，在你前往越南之前去告别。"他继续说道。

"我们住在新港人旅馆里。"母亲说。

"我记得那个星期天晚上，我不得不乘坐一架直升机离开，去赶洛杉矶的一班飞机。"他继续说道，"你陪我走上那架直升机。我们握手。你穿着军装……"父亲的声音有些变调了。"我不知道是否还能再看到你。在那个直升机上我哭了。你的离开令我撕心裂肺。”

“我知道。”我也感觉喉咙里有些哽咽。

“我们为你祈祷，”他的声音在颤抖，“我们日夜盼望你的来信。”

“我也盼望你们的信。”我告诉他。我的眼睛湿润了，我咽了口唾沫，清一清喉咙的哽咽。我想这真是发疯了。“我打电话是祝愿您‘父亲节’快乐的，”我终于说出了正题，“感谢您是我父亲！”“我希望我能更好些。”他的声音极其微弱。“你确实挺好。没有比您更好的父亲了。”我说。“你这样说很好，可惜这不是真的。我但愿这是真的就好了，”他用不无遗憾的声音说，“我要挂断了，不想让你多花电话费。”

“别担心电话费，”我说，“我爱你。”“我也爱你。”他急忙说道。

然后，他在那一端默默无言，母亲也沉默不语。在这段空白时间里，只是充斥着长途电话线的静电。

（梁庆春　译）

爱的逼迫

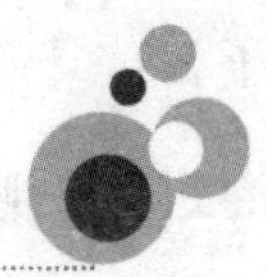

清晨五点，我蹑手蹑脚起了床，先用电砂锅煲上小米粥，然后烙牛肉饼、煎鸡蛋、煮牛奶。

只是，我费尽心思为儿子准备的营养早餐，他只吃了几口，就推开了碗。我赶紧停下忙碌的手，重新将他按回到椅子上，用命令的口气说："一碗粥，一张牛肉饼，一杯奶，必须吃完。"

谁知，儿子竟腾地站起身，仰着小脸抗议道："没见过你这样的妈妈，就知道逼着我吃东西！"

望着儿子愤怒的眼神，我喉咙一哽，不禁想起了自己的童年。

那时，母亲也曾逼迫我做过一些事。当然，她从不逼我吃饭。当时生活条件差，家里的小方桌上，每天都是清一色的玉米面糊糊、玉米面窝头、咸芥菜。由于没有任何零食，不吃饭肚子会饿，不用妈妈逼迫，我也能吃很多。

但生病时，母亲会逼迫我吃药。我对药片一直非常抗拒。每次感冒发烧，母亲只好把药片一颗颗捻碎，用开水溶化了，倒在勺里喂我吃。常常是，她一只手拿着盛药的勺子，另一只手端杯糖水，一遍又一遍地劝说着："乖女儿，吃了药病就好了，就能出去找小朋友玩了！"我却倔犟地闭紧小嘴，任凭母亲千呼万唤就是不开金口。十分钟过去了，二十分钟过去了，最后，她只好用手捏住我的鼻子，把药水强行灌进我的嘴里。我一边哭，一边恨恨地嚷："坏妈妈，你是坏妈妈……"母亲赶紧让我喝糖水，不急不恼地说："如果能替你，妈愿意把所有的药都吃到自己肚子里！"

早春，母亲还逼迫我一直穿棉衣。望着天空绒毛般的阳光，我总想把棉裤脱了，让身体像小鸟一样轻盈起来。然而，母亲对我三令五申，不到清明不准脱棉衣。她说，二月的气温极不稳定，即使中午看起来很春天，早晚的温度却依旧很低。这样的天气，如果着了凉，很容易落下腿疾。因此，她常常检查我的衣服，如果发现棉裤被偷偷换掉了，定会让我罚站。

下雨天，母亲还逼迫我带伞。也许，小孩子都讨厌这些身外的累赘，因此，我总是瞒着母亲，悄悄把伞藏在家中的某个角落，冒着雨去上学。结果，等不到放学就发起烧来。回到家，为了不挨骂，肯定要哄骗母亲。母亲一边听，一边拿出一根绣花针，在头发上抹一抹，然后伸过来吓我说："我要把你的嘴扎成马蜂窝，让它再敢说假话……"

自小到大，母亲逼迫我最多的，就是午休。她要求我每天午睡一小时。她说，小孩正在长身体，中午睡一会儿，有利于骨骼和脑细胞发育。为了防止我偷跑，她常常一边做家务，一边在院子里看着我。然而，母亲毕竟不是铁人，每当她不小心睡着了，我就会穿上绒布鞋，一溜烟儿跑出去撒欢。

另外，母亲还逼过我背书、写日记、晨跑……当时，觉得母亲很唠叨、很烦人，因为被她限制了自由，心里甚至想过，如果离开她该是多么幸福。然而，如今，当我生病时，再也没有人逼着吃药；乍暖还寒时，再也没有人阻止我脱棉衣；下雨天，再也没有人叮咛我撑伞；午饭后，再也没有人逼着我午休时，我才深切地体会到，那些逼迫，原来都是母亲深切的爱啊！

只是，如果那时候我懂得这就是母爱，就不会拧着劲与她对抗；如果那时候我懂得这就是母爱，就不会写那张离家出走让母亲伤心欲绝的纸条；如果那时候我懂得这就是母爱，就不会让母亲为了给我送伞不小心掉进水沟里；如果那时候我懂得这就是母爱，就不会让她活得那么操劳，活得那么辛苦，我一定会尽量让母亲省点心，做个懂事体贴的乖女儿……

现在，我多想与母亲紧紧拥抱，跟她贴着脸说一句：亲爱的妈妈，谢谢你的那些逼迫，谢谢你的那些深爱！

只可惜，断鸿声里，阴阳相隔，母亲再也听不到了……

（清　心）

心中的承诺

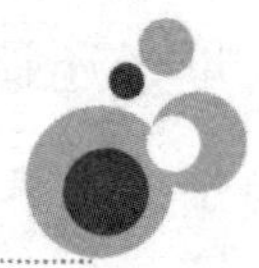

很多年以前，曾经在心里对父亲有过一个承诺。

那个时候我刚上中学，十分迷恋武侠小说，只要有时间就躲在被窝里或桌肚下偷看，视力就急剧地下降了，没办法，只好告诉了父母。他们很当回事，星期天父亲就带我去县城配眼镜。来回一百多里的土路，父亲用那辆破旧的自行车带着我，后背完全被汗水给浸透了。

那时我们那里都是很有学问的老师或是大学生才戴着眼镜。一路上只要遇到熟人，父亲就告诉人家，“我带孩子去县城给她配副眼镜”。每次听到他语气里透着的骄傲，我心里就涌起阵阵惭愧。暗暗下着决心，该告别武侠小说好好学习了。

那是我生平第一次来到县城。父亲先带我在路旁的小摊上吃豆腐脑和油条。我一边吃一边四处张望，一切都那么新奇。然后父亲带我到县城最大的医院，挂号、排队、检测视力。眼镜当时拿不到，要等上个把小时。就在这个空当儿，父亲带着我七拐八拐地到火车站看火车。不巧的是，当时没有火车经过，最快的一列火车也要两个小时之后才能路过。父亲显得非常内疚，只因为没能让我看到火车。

看着父亲互搓着的双手和急得通红的脸膛，我心里忽然很难过……长大了，我一定要带父亲去坐一坐火车，我在心里说。这是我没有说出口的承诺。时间一晃二十几年，那天戴着眼镜从县城回到家里的我，上学，毕业，工作，结婚，生子，我在自己的轨迹上忙碌着，忙碌着——转眼就到了现在。年少时那纯真无瑕怀有感恩之心的承诺，掩藏在岁月身后，再没有提起，更没有实现。

一天和朋友喝茶，我对朋友讲起了这个承诺，朋友也说起她儿时的一件事。朋友姐弟三个，父亲是民办教师，工资很低，家里生活很窘迫。有一次快过年了，朋友的父亲特意带他们徒步走到五里外的镇上去吃水饺。那只是路旁一个普通的小餐馆，姐弟三个进去就开始抱凳子，可是怎么也抱不动，原来那些凳子都是固定在水泥地面上的。尽管一顿饭姐弟三个都是撅长了屁股挨在凳子边上吃的，但仍旧吃的热汗淋漓，快乐无比。吃完的时候才发现，父亲一直在一旁笑着看他们吃得火热，自己却一个水饺都没吃。朋友当时在心里下定决心，等自己有钱的时候，一定请父亲吃最好最贵的水饺。可是没等愿望实现，父亲已经离开了人世。

笑谈中，我们擦拭眼角的泪花，分明都能感到对方内心的隐痛。在曾经享受父母送给我们的快乐和幸福的时候，我们幼小的心中都升起过纯美、感恩的承诺。可那美好稚嫩却也曾经坚定不移的承诺，真正兑现的有几个呢？儿女都在忙，忙得为了工作风尘仆仆，忙得为了生活东奔西走，忙得有理由劝自己说那只是曾经的一个幼稚的许诺，父母不知道，知道也不会计较，他们会体谅。

可岁月会计较啊。它带走了父母的健康强壮，让他们头发渐白，行动迟缓，身体羸弱。最终会让父母和我们永远地分开。“子欲养而亲不待”，那种良心的折磨会让人痛彻心扉，而无法补救。

我请了假，放下工作、家庭和孩子，在春暖花开的季节，带着父母去旅行。火车开动的时候，我那第一次登上火车的父母亲，有点局促，有些紧张，更有些兴奋。父亲那互搓着的双手，把我带回二十多年前心里许下承诺的那一天……

（林永英）

免接听

儿子给父亲买了一部手机，这样，可以随时联系。

那天儿子回家探亲，父亲摘下老花镜，对儿子说，老了，不中用了。你买的手机那么多功能，太复杂，学不会了。儿子拿起手机，再次手把手地教父亲，别的也不用学了，你只要学会接听电话就可以了。说着，儿子掏出自己的手机，准备当场试一下。这才发现，父亲的手机号码，他竟然给忘了。

他羞愧地看一眼父亲，父亲还在埋头揉着眼睛。趁父亲没留意，他就用父亲的手机，快速地拨打了自己的手机，这样，自己的手机里就有了父亲的号码。随后，他又按了下回拨键，父亲的手机“丁零零”地响了起来。

听到手机铃声，父亲很兴奋地说，我的手机终于响起来了。父亲做着接听电话的样子，却并没有按接听键。儿子说，你接下试试嘛。父亲笑着说，试什么，我会的，下次你有事打我电话时，我再接，跟你慢慢聊。儿子知道父亲这是心疼话费，所以他立即去给父亲的手机办了个免费接听的套餐，并告诉父亲，从此以后，所有的接听都是免费的。

回到工作的城市，一下火车，儿子就赶紧往家里打了个电话，报平安。电话照例是母亲接的，母亲告诉他，父亲出去散步了。放下母亲的电话，他又拨打了父亲的手机。铃声刚响了一声，电话竟然通了，传来了父亲的声音，嗓门很大，很开心的样子。父亲告诉他，自己正和几个老伙计在小区公园里闲聊呢，我们聊得可开心了。想像着父亲对身边的老伙计们说话的样子，儿子也不禁笑了。

此后，除了隔几天往家里打个电话外，儿子不忘拨打父亲的手机。每次只要电话响几声，就会传来父亲爽朗的声音。父亲好像一直将手机拿在手上，随时准备接听似的。而且，父亲一接起电话，就说个没完。他发现，父亲跟母亲越来越像了。

那天，他出差经过老家。他没有告诉父母，想给他们一个惊喜。往家走的时候，在街边的小公园里，他看见父亲正和一帮老人闲坐在一起。父亲手里拿着手机，在和几个老人比划着什么。猛然抬头看见他，父亲揉了揉眼睛。确信是他后，父亲忙将手机还给了一个老人，我儿子回来了，下次再教你。说着，一边掏出手机，一边对他说，你妈还不知道你回来吧，我给她打个电话，先告诉她一声，别把她乐坏了。

父亲娴熟地按着键盘，一边打电话，一边领着他往家走。看着父亲熟练地使用手机的样子，他忽然发现，父亲仿佛年轻了很多。快到家门口的时候，父亲似乎看出了他的疑惑，扭头对他说，其实你送我的手机，我会用的。刚才，我还教他们怎么用手机呢。父亲自豪地说。他冲父亲笑笑，看着父亲的背影，他忽然明白，父亲之所以从来不主动打他的电话，并非是不会使用手机，也不是真的舍不得那点话费，而是害怕打扰到他啊。而父亲其实和母亲一样，一直期盼着听到他的声音，所以，只要手机铃声一响，他就会迫不及待地接起。

有多少亲情，期待着接通啊。明白了这一点的他，将父亲的手握得更紧、更紧。在这部小小的手机里，蕴藏着父亲含蓄的牵挂、想念、等待与希冀。而这些蕴藏，足以让他体味、温暖一生。

（孙道荣）

让我愧疚的母亲节

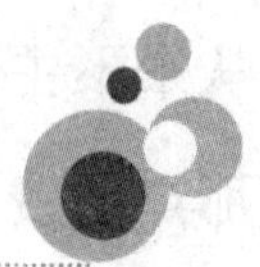

自从手机短信普及以来，人们似乎一下子变得“多情”起来，不仅圣诞节、情人节这些“重大节日”非相互祝福不可，即便什么感恩节、元宵节、妇女节、劳动节、男性健康日也少不了成为表达情意的一个由头。

母亲节当然更是朋友、同事、商业伙伴之间传情达意的一个好契机。每到这天，无数条祝福别人母亲“健康快乐幸福”的信息通过短信、微博、电子邮件和QQ留言飞速传播。我自己每年这个时候也收到大量类似的信息，并诚心诚意送出对别人母亲的祝福。直到某一年的母亲节，我躺在沙发上发短信发得两臂发麻，母亲来叫我吃饭，我这才想起即便母亲节这个日子里我其实也什么都没有帮母亲做。其他日子更是如此，每天从早到晚，都是两鬓渐白的老爸老妈在买菜、做菜、拖地板、倒垃圾。有时候带朋友回来吃饭，自己也只顾胡吃海喝、打牌聊天，一顿喧嚣之后，留下满屋子狼藉不堪的残局，自己倒头就睡去了，甚至没顾得上和忙碌不停的父母说上几句话。即便如此，父母也从来没有埋怨过一句，下次我带朋友回来，他们仍然笑呵呵地迎接，然后就开始忙忙碌碌。

母亲是农村妇女，大字认不得几个，她还不知道居然还有一个节日叫“母亲节”，更不知道那个小小的手机里有上百条对她的祝福——如此一想，我就会感到汗颜：一个连自己的母亲都不关心的人居然有脸面给一个又一个或熟悉或陌生的人送上对他们母亲的问候与祝福！

曾经看过一个古代笑话：一个地主突然大发善心，把债户们叫来，宣布免除他们的债务，但要他们表态下辈子怎样报答。债户们都说下辈子给地主做牛做马，唯独一个欠债最多的人说：“老爷，我欠你的太多，当牛做马都没法回报，下辈子只有做你的爹才能报答你了！”当时看这个笑话，大家说这个债户得了恩惠还占人家的便宜，很有些“劳动人民的智慧”。但现在再来看这个笑话我却笑不出来了，因为我实在想不起还有什么比做人父母更为彻底的报答，尤其是母爱。西谚说：“上帝不能无所不在，所以他创造了母亲。”

在“孝道”这个概念渐渐淡出人们头脑的今天，我们常常简单而庸俗地理解为对于长辈的赡养义务，以为就是每个月给他们钱，逢年过节给他们买点吃的用的。我们甚至连坐下来听他们唠叨五分钟的耐心都早已失去。与此同时，我们却可以耐心而温柔地陪孩子将一个简单的积木游戏玩上一百遍。我们忘了，多年前我们的父母就是这样溺爱我们的，而且直到今天他们身上仍然有着浓厚的溺爱情结。也正因此，他们可以宽容着我们的疏忽、慵懒和无礼。

只要换位思考一下，我们就会明白老人们期待的其实并不多，也许只是进门时放好的一双鞋，出汗时递过来的一条毛巾，过马路时的一次小心搀扶，出门在外时的一个电话一句叮嘱，逢年过节时的不算贵重但却贴心贴肺的礼物。这些细微之极的小事，就可以让老人的心灵得到怎样的满足！在应酬场合我们多少次耐着性子去体谅和照顾他人，而对给予过我们最无私关爱的父母，为什么就不可以更多一些体谅与善待？也许，只要我们每个人拿出对领导、对客户、对帅哥美女那种热情和殷勤的百分之一来对待生养我们的父母，多少原本荒凉凄冷的父母之心将因此而变得幸福充盈！

那样的话，我们又何须一个“母亲节”或者“父亲节”来提醒亲情！

（魏剑美）

妈妈别怕，有我呢！

1991年．孟佩杰出生在山西临汾，5岁时，父亲死于一场车祸。母亲体弱多病，无力抚养她，便将她送给了养母刘芳英。她被养母抱走后不久，生母就离开了人世。

养母待她视若己出，这让孟佩杰悲苦的童年多了一抹温馨。可好景不长，在孟佩杰8岁时，养母患上重病，瘫痪在床。不久，养父因不堪生活重负，抛下她们母女俩，离家出走了。

家里的窘境犹如雪上加霜。养母对未来生活充满了绝望和恐惧，她甚至想一死了之。这时，8岁的孟佩杰似乎洞悉了养母的心思，她一把抱住养母的脖子，像个小大人似地说："妈妈别怕，有我呢！我来照顾你一辈子。"只一句简单的话，使养母泪流满面，从此打消了轻生的念头。

从此小佩杰每天早晨6点钟起床，一路小跑着去菜市场买菜。买菜回来后，先帮养母穿衣服、刷牙、洗脸、换尿布、倒便盆，然后去厨房做早饭。由于她只有8岁，人还没有灶台高，她就踩在小板凳上炒菜、煮饭，有时一不小心从小板凳上跌下来，经常摔得胳膊、膝盖青一块紫一块的，但她从来不喊一声疼，她怕养母听到了之后伤心难过。

做好早饭，给养母喂过饭，她匆匆扒上几口饭，一边嚼着一边跑着去学校。午休，别的同学都在学校吃午饭，她又一路小跑着奔回家里，她要给养母做饭、喂饭，还要给养母擦澡、换下尿湿的床单被褥、给养母敷药按摩、活动筋骨……晚上放学回来，是她一天中最累的时候。做饭、喂饭，然后做家务，洗一天来养母换下的脏衣服、床单等，最后服侍养母睡觉。等忙完这一切已是晚上9点，她才开始拿出作业本做功课。半夜里还要定时起来给养母翻身、喂水。

12年间，四千多个日日夜夜，每一天都是这样周而复始地度过。虽然孟佩杰很累，但她从没放松过自己的学习。2009年8月，18岁的孟佩杰考取了山西师范大学临汾学院。为了既能求学深造，同时又能悉心照料养母，她决定，带着养母上大学。

2011年，孟佩杰的故事被临汾一家医院听闻后，将其养母接入医院免费治疗。为配合医院治疗，孟佩杰每天更忙了，既要上课，每天又要帮养母做240个仰卧起坐、拉腿200次、捏腿15分钟。为了给养母加强营养，让养母尽快康复，她不买衣服、不化妆，还在暑假里冒着酷暑到街上发广告单，把挣到的一千三百多元钱全拿出来给养母买衣服和营养品。

当记者采访养母时，养母病后第一次向世人打开心扉：“这么多年了，是女儿的坚强和乐观，让我找回了活下去的勇气……她自己再苦再累，都没在我面前流过一次眼泪，什么时候都是一脸阳光的样子。当她看到我情绪低落时，就对我说：‘妈妈别怕，有我呢！’听了女儿的这句话，我的心也变得坚强起来了。”

滴水之恩，涌泉相报。这句古训在孟佩杰身上得到了最好的诠释。养母只照顾了她三年，她却照顾养母一辈子。原因正如孟佩杰所说：“别说养母还照顾了我三年，就是只照顾了我三天，她也是我的母亲。照顾母亲，是做女儿的至高荣誉！”

（佟才录）

孝　鸟

米利鸟，是一种生活在美洲的鸟类，它们有着“孝鸟”的美名。

它们没有美丽的“外貌”，体型小如麻雀，尖嘴像极了钩子，尾羽上长着环状物，这种鸟喜欢热闹，群居在一起。

米利鸟的睡觉方式与众不同，是一种令人震撼的睡觉方式。一只年轻的米利鸟将尾羽上的环挂在树干上，再利用它的尖喙钩住另一只鸟尾羽上的环，就这样依此类推，用身体串成一张柔软安适的“吊床”，老米利鸟就躺在这张“吊床”上。当暴风雨骤然袭来时，年轻的米利鸟会迅速地卷起，将老米利鸟包在里面，将暴风雨阻挡在外面。正因为这样，老米利鸟无论春夏秋冬、狂风暴雨都能无忧无虑地入睡。

年轻的米利鸟的孝心可嘉，鸟类尚且可以做到如此，那我们呢？

（苏　霞）

我妈是乞丐

22岁的威尔特是纽约州莱茵贝克小镇的居民，也是美国一个很有名的棒球运动员。

“十年寒窗无人问，一朝成名天下知。”威尔特成名后，记者扛着长枪短炮蜂拥而至。面对无数镜头，威尔特极其平静地叙说着自己的成长经历。有记者提到，这一生中，你最感激的人是谁时，威尔特眼中闪着泪花答：“我妈！”威尔特停了停，既而又补充道：“我妈是乞丐！”

《纽约州时报》以《我妈是乞丐》为题，整版介绍威尔特的成长经历。一时间，纽约州的大街小巷，到处传诵着一个乞丐妈妈成功培养出一个棒球王子的佳话。然而《我妈是乞丐》一文刊出后没过几天，《纽约州时报》编辑部的电话几乎都被打爆了：报料严重失实，威尔特的母亲不是乞丐！

威尔特制造假身世，以提高自己的知名度？编辑疑惑。一时间，谩骂声铺天盖地而来，比威尔特在国际上领了大奖还吵得厉害。

为澄清事实真相，记者们又蜂拥着朝威尔特的老家而去。

威尔特的老家是一栋别墅，对于记者的造访，母亲没有答话，只是痛苦地摇着头。记者见在威尔特母亲嘴里掏不出半句话来，便径直来到威尔特外公家。外公史沫斯是当地有名的牧师，家里很富有。他完全否定了威尔特的说法。记者一行人，录下了史沫斯的录音。

后有人提供信息说，威尔特的父亲是纽约州一所知名医院的医生，母亲是该院里的一名护士。记者打电话给这所知名医院，院长十分肯定地说，一切属实。

面对记者的质疑，威尔特却依然十分从容地说："我妈是乞丐！"

记者没有反问，而是打开了史沫斯的录音。听完外公史沫斯的录音，威尔特脸色变得凝重起来：我妈是乞丐！

威尔特终于说出了连外公史沫斯都不知道的事实。

他说，我5岁的时候，得了一场怪病，生命危在旦夕。爸是一个有名的外科医生，但当时爸被抽到外地做援救工作去了，医院里的名医也抽走了，院方不敢实施手术，要求转院。可是，时间就是生命，转院延误时间，就意味着有生命的危险。这时，妈跪下了，磕着头。妈乞求着，看着比乞丐都伤心。院方答应了妈的请求，手术很成功。我的生命，被我妈捡了回来！

从小，我是个淘气鬼，上课不用心，常和一些小伙伴在一起干些顽皮捣蛋的事，惹老师和家长生气。读小学五年级的时候，和一个小伙伴打架，摔伤了他的右肋骨，校长要开除我。妈领我进了校

长室，妈乞求着，希望校长能给我一次改过的机会。面对妈的请求，校长无动于衷。最后是妈的一个长跪，感动了校长，我才得以有留校学习的机会。

上初二的时候，我迷恋上了棒球，学习一落千丈。爸失望了，又是妈坚持着：顺着孩子的爱好走下去吧！妈说服了爸，卖了家中的老房子，将我送进纽约州著名的棒球娱乐中心学习。又是妈的一个深跪，教练才答应收我为徒。

当我在国内国际拿了大奖的时候，多少人为我祝贺，替我高兴。唯独我妈，在心中默默地祈祷着：盼着威尔特平安归来！

我妈是乞丐，乞求着我健康成长，平安归来！

听着威尔特的讲述，记者们流泪了：母亲是乞丐！在儿女面前，何止威尔特母亲一个人是乞丐？

（柯玉升）

永远的愧疚

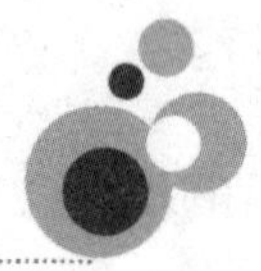

大姐家的儿子在天津塘沽举行婚礼，邀请我去参加。

大姐、二姐于婚礼前一天到达，我是当天到的。我到那儿，外甥便交给我一个“任务”，让我代家长在婚礼上讲几句话。在婚礼上讲几句话，对于我来说，是手到擒来的事。我是个业余婚礼主持人，曾主持过几十场婚礼，但在外甥的婚礼上让我代家长讲话，我觉得有些不妥，因为有大姐在，她讲才合适。

我把自己的想法跟外甥一说，他说：“我妈讲不了。二舅你就别推辞了。”

我又看了看大姐，说：“大姐，你能讲，还是你讲合适。”

大姐耽搁了一会儿，说：“孩子让你讲，你就讲吧。这么大场面，我一个农村妇女也不会说什么。”

既然这样，我就答应了外甥的要求。

我讲得慷慨激昂，我讲得有条有理，我讲得情真意切，我讲得幽默风趣，博得了满堂喝彩，也得到了婚礼主持人的高度评价。婚礼结束后，一些人向我伸出了大拇指，还问我是做什么的，还有的说我比那位主持人说得还好。我当时似乎有点儿飘飘然了，没想到自己的婚礼主持水平都不逊色于天津那位专业主持的水平。

婚礼结束的第二天，大姐、二姐和我一起返程了。她们回我的老家——那个偏僻的小山村，我回县城。

在车上，二姐余兴未尽地说："福忠，昨天你的讲话可震了。"我听了似乎又有些得意。然后，她又和我耳语道："你知道吗？大姐要讲话来着，在家都把稿准备好了，我还看过呢，有一大篇子呢。"

不料让大姐听见了，她接过话茬儿，跟我说："你外甥怕我给他丢脸，不让我讲。"

听了她们姐俩一说，我的得意一扫而光，觉得自己犯了一个不可饶恕的错误。

年近60岁的大姐就这么一个儿子，到而立之年才走入婚姻。儿子那么大年龄找不到合适的对象曾是她的心病。她曾多么希望自己的儿子早日完婚。今天终于了却了她多年的心愿，圆了她多年的梦想，可想而知她的心情是多么激动，她有多少话需要表达。然而，我却无情地"剥夺"了她说话的权力。

大姐讲话，可能磕磕巴巴，可能嘟嘟囔囔，可能土里土气，但却是一位母亲的真心表白；我的讲话，虽然响亮、连贯，也不乏时尚，但跟姐姐要讲的话比，却是苍白的。大姐没能在儿子的婚礼上讲话成了她永久的遗憾，也成了我永远的愧疚！

（李福忠）

滴水生根　涌泉一生

他在几个月大时就被遗弃了。六年中，换了一家又一家，最后他被转到山里的一户人家——河南省嵩县白云山明白川村，一间土屋，一片山地。于是，他有了奶奶、爹和娘，也有了自己的姓名：裴文学。

有家，可以上学，这让他感到恩情如山。他跑步上学，跑步放学，只为了省出时间带点野菜回家，帮奶奶做饭，帮爹娘干活。

中学毕业后，他选择了上卫校，卫校毕业后，他选择了回村当赤脚医生。奶奶是驼背，行走不便，又得了结核病，爹娘也是积劳成疾，他要伺候亲人，他要做奶奶的主治医师，他还要养家。他是一家之主，也是一家之仆，天天如此，一年、两年……

这涌泉之报不仅仅是对家人，山里大多数家庭都留下了他的孝子身影。许多老人几天不见他，就会想得心慌。也就是从那时起，人们就商量着给村子改名字，就以裴文学为家人和山里老人行孝的事为由，改成“敬老村”！

奶奶69岁那年去世了，遗言是笑着对村长说：“娃至少让我多活了20年！”爹是在80岁那年去世的，临终时对他说：“有你这个娃，我值了！”

一天，他跟娘商量：“娘，大舅有病，在家里也不怎么顺心，您就让我把大舅接咱家伺候吧。”娘苦叹：“娃呀，你是苦佛转世，我拿你没办法！”

大舅接到家里。文学就像伺候奶奶一样伺候大舅，看病、开药、抓药、煎药、喂药、喂饭、擦身、睡在一起说宽心话……三年后，早已多病缠身的大舅去世时笑着说：“有这三年，我这一生满足了！”

大舅去了，文学又把二舅接到了家里。家有儿女的二舅，接来家时看上去没几天寿命了，但进家后一天比一天健康，有时还会和文学笑闹成一团，老小孩似的。老人无比幸福地又活了28年，去世时整整100岁！

这28年，在外人眼中，文学所受的苦是任何人也受不了的。有人仔细观察过，文学每天的劳作比一般人要多10倍，但他从来没有犯愁过。他真的是以苦为乐，苦重情深。

好在还有娘可以孝敬，但娘已经91岁了，他要加倍再加倍地努力。于是，他干脆把床也搬进了娘的屋。

好医术好性子，有人说，文学只要离家20里，很快就会成名发家，可惜文学最大的心愿就是孝敬老人。有娘在，不远游，而且还有山里许多挂在心上的老人，有病没病也要定期去看。他是最忙的医生，也是最穷的医生。有人算过，他该收而不收的医药费足够买别墅和豪车了。

2010年，91岁的娘摔伤后脑神经受损，失常时对文学又打又骂，有时还会拿东西乱砸。文学常常头破血流，身上的纱布从没断过。他说：“娘，谁叫你从来没打过我，你打得太少了……”

2011年，70岁的裴文学，全部幸福都沉浸在伺候娘这件事上了。每天早上，给娘穿衣、刷牙、洗脸、梳头、喂饭、喂药。

这就是他生活的全部，没有惊天动地的丰功伟绩，只有如山如海的重复细节！

滴水生根，涌泉一生。裴文学这眼涌泉将是永生不绝的，因为，这个村已经叫做“敬老村”，他所在的那条巷也已更名为“敬老巷”了。他的名字和他的故事就不再是现世那些财死食亡与流星野火，而是厚德之山，千秋万代！为后人所铭记。

（张鸣跃）

爱的回报

她出生在重庆市巫山县的一个贫穷的农家。16岁那年，父母无力再供她读书，她面临辍学的危机。这时，她的班主任跋山涉水六十多公里上门家访，苦口婆心地劝说她的父母，最终在老师和同学的资助下，她重返课堂。那时，她在心底发誓："我要用一辈子的努力来偿还这种恩情。"

十年寒窗苦读，她考取了重庆师范大学。为了践行那个心底的誓言，她拼命地学习。同学都笑她是书呆子，但是她从不在意。她说："我现在所学，在将来都可以成为学生成长的养料。"

2010年夏，她大学毕业。令所有人惊讶的是，她拒绝了老师推荐的城市工作，毅然决定回乡做教师，报答当年老师和同学的恩情。

这一决定，惹怒了父亲。父亲好不容易将她培养成大学生，跳出农门，走进城市，为家族争光。而她竟然执意要回农村，这忤逆了父亲的意愿。

那段日子，她内心苦闷，尊重亲人的意见，自己的誓言就要搁置一边；坚持自己的誓言，又会让亲人伤心难过。经过一番心理挣扎，她最终决定要坚持。她说：“当年没有老师和同学的帮助，就没有今天的我。现在村里总共才三名大学生，我知道这里的孩子需要我。”她的话最终得到了亲人的理解。

2010年秋，她走进乡村小学。为了增强自身的教学经验，她常常坐两个小时的汽车再走三个小时的山路，只为向有经验的老师当面请教。长期的辛苦工作，让她一年就瘦了二十几斤。可她却微笑着满不在意。

2011年，由于过度劳累，她病倒了。但那时，她恰好带了一个毕业班。为了不影响同学们初考，她带病坚守岗位。五一她回家，父亲见她吃不下饭，脸色也不好，便下达命令说：“马上去医院检查，不然会拖出大病的。”她说：“学生马上要升学考试，等他们考完了我就去。”

此后，她吃饭越来越少，每天只能喝下一碗稀饭，肚子的疼痛也越来越频繁，有时上课也会痛得冒冷汗。学生们问她是不是生病了，她骗他们，说是自己吃坏了肚子。

7月3日，忙完学校工作，她到医院做了检查，结果让所有人大吃一惊——晚期恶性淋巴瘤。医生说：“如今癌细胞已扩散，恐怕回天乏术。”

她听完没有哭，而是淡定地告诉自己要坚持活下去，因为乡里的孩子们还需要她。

治疗中，她除了忍受化疗万箭穿心般的疼痛，还要口服一种异常难喝的药，很多患者难以承受，悄悄将药丢掉。到了最后，父亲为了尽量给女儿减轻痛苦，故意不把药拿给她。但她却没有忘记，每天按时服用。她微笑着对自己说："一定要坚强，一定不能倒下！孩子们的成长需要我。"这话让医生和病友动容。

然而，她最终没能斗过病魔。2011年8月26日凌晨2点40分，她紧紧拽着父亲的手，永远离开了她深深热爱且坚持的教师岗位。临走前，她对父亲说："爸，女儿有一个心愿，请你们同意，如果我走了，我想把我的眼角膜等有用器官捐献给需要的人，让我能继续看着家乡的孩子健康成长，也能看着您。爸，我刚做了一个梦，梦见自己回到了学校，又走上了讲台。莫忘了，你回去将我的备课本整理好寄给我……"父亲听了泣不成声。

她就是曹瑾，一位坚守誓言的美丽"80后"女教师。

（邹　峰）

请小声对父母亲说话

朋友的母亲来自乡村，对城里的一切都不是很熟悉。一日，他的母亲站在水龙头前洗菜，盆里的水快放满了，但那位头发花白的母亲却不知道如何关上水龙头。这时站在一旁的朋友大声嚷道："看你，教了多少遍了还不会！真是！"

老母亲一听到儿子的数落，心里一慌，水龙头开得更大了，水溅了她一身。朋友连忙跑过去把水龙头关了。显然，母亲乍到城里还用不惯自来水，儿子的大声责备更让她心慌意乱，茫然不知所措。此情此景，让我想起了一位朋友说起的另一件事。

那时他的女儿刚上一年级，六一那天孩子放假，由奶奶照看着，他们夫妇俩上班。那天下午，在小区的树林里，女孩看见一只五彩斑斓的蝴蝶，好不喜欢，于是拔腿去追。奶奶紧跟在后面大声地喊："宝宝小心，别摔跤！"话音未落，女孩就"扑通"一声摔倒了，嘴正好磕在石子路上，门牙磕掉了一颗，满嘴是血。奶奶又是惊慌又是心疼，赶忙打车带孙女到医院进行必要的消炎处理。之后，便忐忑不安地带着孩子回了家。

晚上下班时，朋友见女儿的嘴唇肿得老高，门牙也掉了一颗，既心疼又生气，忍不住大声地对母亲说："就半天时间，就出事了！"说罢就牵着女儿的手往家走，头也不回。这时可怜的母亲倚在门边，望着儿孙俩远去的背影，说不出一句话来，任凭泪水在眼眶里打转。

未料想，仅过数日，朋友的母亲便不幸患心梗过世。朋友捶胸顿足，号啕大哭。那是他生平第一次，也是唯一的一次对母亲没有好好说话。可后悔有什么用呢，他永远没有机会向母亲忏悔，请求母亲的谅解和宽恕了。女儿磕掉了一颗牙齿可以长出来，可母亲走了，却永远不可能再回来，这成为他心中永远的痛。

其实父母对子女的要求真的很少，甚至可以说是无要求。他们把爱都倾注在了我们身上，这爱，无私而伟大，深沉而崇高。在这样的爱面前，我们除了要珍惜之外，是不是还应该"报得三春晖"呢？而这"报"，不是找一个特定的时间，或是等到一定的阶段之后再"报"，而是时时刻刻，或者说就是现在向他们回馈我们的爱，哪怕是帮他们提菜、为他们捶捶背，甚至是小声地对他们说话。

不要等"子欲孝而亲不待"时才知道悔恨，不要等再也没有机会报答时才想起还有未报之恩。当父母满头白发、举步维艰、垂垂老矣之时，用我们的耐心、诚心与真心，像小时候他们帮助我们一样地去帮助他们，让父母真正感受到我们的爱，感受到我们的关怀。

（崔鹤同）

他是母亲的肝

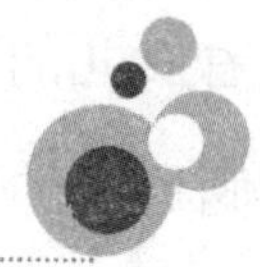

他生于广州市的一个普通家庭，与妹妹是龙凤胎。父母一直视他们为掌上明珠，为他们创造最好的教育环境。高三时，父母为他争取到了赴美国交流一年的机会。2008年，他如愿地考入美国北科罗拉多大学，修读会计专业。今年大学毕业，他正准备参加美国注册会计师考试。

2011年5月，年过五旬的母亲被查出重型肝炎晚期，保命的唯一办法是进行肝移植手术。然而，在医院等了两个月，却因器官供源紧缺，命悬一线。无奈之下，父亲将这不幸的消息告诉了远在美国的儿子，并问他万一需要让他为母亲捐肝，他愿不愿意。他一听，想都没想就一口答应了。父亲提醒他，要考虑清楚。他动情地告诉父亲："根本不用考虑什么，母亲生我养我这么多年，为我付出了那么多。现在她有生命危险，只要能救母亲的生命，无论做什么，我都会挺身而出的。"

但父亲将让儿子捐肝的事情告诉给妻子时，却遭到妻子的强烈反对。这天，母亲再次出现肝昏迷，生命垂危。听到这一消息，他立即从美国返回广州。

据主管医师介绍，对于提供肝源的供体，从统计上说具有千分之四至千分之七的风险，而这种风险主要是术后的并发症。但从健康供体上割下60%的肝脏，因为肝脏再生能力强，三个月后就可以长回原样。于是，他瞒着母亲，迅速办好了所有肝移植的手续。在签手术通知书之前，医生再次征求他的意见，强调现在反悔还来得及。他没有一丝犹豫，十分迅速地签了字。父亲实在不忍心让儿子冒这么大的风险，毕竟他才22岁啊，人生的路还很长。因此，签字时，父亲的手一直在发抖。

经过12个小时的漫长手术，60%的肝脏最终成功地从儿子体内取出，立即移植到了母亲的体内。幸运的是，母子平安。

手术时，要切除的60%肝脏因为和胆囊连在一起，所以只能一并切除。父母后来知道这一情况，一直痛心不已，肝可以再长，胆却再也长不出来了。他故作轻松地安慰父母："以后吃饭多注意就是了，不会有什么影响。"

刚做完手术，母亲的情绪一直不大好，提到手术就掉泪。为了让母亲开心，身材高大的他时刻陪在母亲的病床前，总是绽放一脸的笑容，不停地安慰母亲，给她信心。为此，中山大学附属第一医院颁给了他一份特别的"荣誉证书"：鉴于你帅气、勇敢、坚强的表现，被授予"最佳形象大使奖"。

如今，他已经出院，每天还会和孪生妹妹一起到医院探望母亲，为母亲梳头，陪母亲说说话，不停地劝慰母亲要静心养病。躺在病床上的母亲虽然还很虚弱，但是一见面总要提醒儿子注意身体。

他叫彭斯，一位“80后”留学生，用割肝救母的孝心挽救了母亲的生命，感动了千万人，也为自己的生命画出了最美的轨迹。面对人们的追问，他动情地说：“身体发肤受之父母，生我养我的母亲有危险，我心里唯一的念头就是，一定要为她做点什么，危不危险的我考虑不了那么多。”

世界上最不能等的，就是孝敬父母！的确，彭斯割肝救母的行动，不仅仅是孝心在闪亮，还有我们的传统美德在熠熠发光，让我们明白什么叫母慈子孝，什么叫真善美，什么叫高山仰止，更让我们看到中华民族自古流传的感恩行孝美德依旧绵绵不息。

（心有千千结）

养儿才知父母恩

有人这么说过，在父母的眼里你永远是个孩子，即使你已结婚生子，他们仍会时时把你当做孩子那样关怀。

这番话起初我并不以为然，可是随着时光的流逝，我越来越强烈地感受到这句话的震撼力，深深地感受到父母博大的胸怀。那是一座孩子们永远也攀不出去的具有大山一样的胸怀。

几年前，我从学校毕业分配到一个县城里工作，不久结婚成家。二人世界确实惬意极了，生活虽不富裕，但没有负担，日子过得轻松、浪漫。可是离我们百里之遥、年过半百的父母常常踏车给我们送来乡下的蔬菜。他们念叨着说："孩子，我们知道，城里开销大，喝一滴水都要钱，给你们送点米、油、蔬菜什么的，能让你们尽量节省点，反正是家里长的不花钱。"望着一捆捆韭菜，白菜被车子磨得不成样子时，我常常笑着说；"以后不要再送了，周围邻居瞧了，多没面子。"可是他们没说什么，仍是一次次地源源不断地往我们这儿输送。有时，我干脆当着他们的面，将送来的蔬菜一家一家送给周围的邻居。心里暗笑：这些破烂菜，能值几个钱，非要踏车送来。

后来，我们可爱的女儿出生了，我也走进了做父辈的责任区。女儿的降生给家庭增添了欢乐，可是幼小的孩子却常常感冒发热，我们一次次于半夜送她上医院看病，于匆忙奔波中，我逐渐感到做父辈的不只是喜悦，还有一份份的责任，那就是一切为女儿着想：妻断奶，我们考虑为女儿买最佳的营养品；女儿生病，我们要精心地守候着她；晚上带她出去散步，常常把女儿紧紧搂在怀里，生怕她受了惊吓，得了风寒……常常弄得满身疲惫。我终于走进了父辈的昨天，体会到做父辈的辛劳，也终于体会到人们常说的，“养儿才知父母恩”的千古名言的内涵。

我从事的是宣传报道工作，常常写一些小块儿文章在报纸上刊登，父亲常常夸我有出息，有时候还打来电话祝贺我，并将我每期发表的文章剪下来，装订好，带回家，让母亲也看一看。尽管母亲识字不多，但仍认出自己儿子的名字，常高兴地一遍遍地说：“我们家就盼他能有个出息。”由于近一段忙于公务，文章、报道发表的少了，父亲竟亲自又踏车来询问，再三嘱咐我：“在单位里就要老老实实地做人，实实在在地工作。”这使我想起：每每在夜晚时分，妻和我耐心地教女儿认字、做游戏的场面，心情何尝不一样。

聆听父母的朴实的话语，想想自己一步一步迈向成熟，蓦然回首间才发现父亲发梢已露出银丝，脸颊也逐渐刻上了纹络……我不禁深深愧疚：父辈昨天、今天都在时时关心着我，爱护着我，可我虽然也驶进父辈的昨天，关心的却是自己那一份狭小的天地，曾几何想起老父老母！曾几何过年过节带上礼品慰问！曾几何休假回乡帮助农忙……想起这些我越来越感觉自己真是一个长不大的孩子，是个永远不懂事的孩子。如今父亲仍给我常常拖运一包包的蔬菜，我现在才懂得了这些蔬菜的分量和价值，每次拣拣洗洗，从不浪费一根，精心所做的每一道菜，我都细细品尝，慢慢咀嚼，那道道甜美可口的菜肴，感觉着超过任何的佳肴美味……

“养儿才知父母恩”，才体会父辈的辛劳，才真正懂得爱自己的孩子。可是父母的胸怀到底有多少人能走得进、能感悟到、能给予回报补偿呢!?

（于正兵）

抢 救

一个医生朋友说起夜间急诊时遇到的一件离奇事。

凌晨，他刚刚空下来想喘口气、喝口水，突然，一辆急救车揪心的呜呜声由远及近。五六位中年男女用担架抬着一位老人急匆匆进来："医生，快、快救救我父亲！"说话的人带着哭腔。全体医生护士刹那间紧张起来，立即进入状态。

时间就是生命。以最快的速度将老人在急救床上安置好，以最快的速度将各种仪器给老人接上。医生临床观察，见病人面色发紫，没有脉动、没有呼吸、没有心跳、没有血压，生命的体征为零。

医生判断病人不仅已经死亡，而且已经死亡数小时以上。但当他将此结论对家属说出来后，适才抽泣着的女儿们放声恸哭，几近昏厥。儿子们则怒目而视，口气强横："医生，我父亲他没有死，你一定得救活他。"

医生无奈，只得一面努力进行心肺苏复抢救，一面让家属看心脏监护器的显示。这样持续了好久，家属的哭声渐小渐弱，情绪渐渐平稳……医生朋友说：后来才知道，那个晚上，这一位病人，哦，应该说是死者，总共送了四家医院，总共抢救了四次，我接手的，是最后一次。

医生朋友说：我看出来了，那些子女也许是极孝顺的，也许不够“孝顺”，总之他们怀着深深的负疚感，总觉得老父亲的死是因为自己没照料好。面对一次又一次的死亡宣布，他们不相信那是真的，他们希望奇迹出现，希望老父亲死而复生，再给他们一次孝顺的机会。这个念头由执拗而变得荒唐，竟然产生了对医生的不信任。

医生朋友说：我明明知道病人已逝，但是看到他们的状态，我还是一丝不苟地抢救，也许是我们的工作态度终于感动了他们，当他们说出“谢谢你医生”时，我才歇了手。他们也终于对我讲了实话。抢救结束了，并非无用功——你知道，其实我也是在抢救他们，我成功了。

（莫小米）

父亲的短信

又一次打开父亲的小灵通，打开发件箱，看到那几十条熟悉的短消息，禁不住又一次泪流满面。

前年冬天，父亲住院了，为了联系方便，就给他配了小灵通。在病床上，我手把手地教会了父亲拨打电话、接听电话。我以为小灵通于父亲而言，只是“便携式电话”而已。六十多岁的人了，能拨打接听就相当不错了。

父亲在城里住院，我在乡下上班。我每天中午都给父亲打一个电话，常常是匆匆两三句就挂了电话，全然不顾父亲还在电话那端絮絮叨叨。父亲有时也给我打电话，说的最多的一句话是：“今天我精力好多了，你放心。”然后就是1床出院了、2床恶化了、3床换了保姆之类的鸡毛蒜皮小事。我常常粗暴地打断他的话，说：“通话费很贵的，我挂了。”

那个周末去看父亲，他像是乞求一般地说：“我听说发短消息便宜，你教我发短消息吧！”我例行公事地给他演示了一遍，说：“你有空就慢慢琢磨吧！”顺手将使用说明书递给他。

没过多久，我的小灵通“嘀”了一声，原来是父亲的短消息发过来了。父亲呵呵笑着说：“以后挂瓶的时候，我就给你发短消息。”

父亲说到做到，我的小灵通像热线一样忙。他在短消息里告诉我他用上新药了、主治医生来看过他了、食欲很好了、睡眠也不错……当然最多的是关照我的生活和工作。每每我还在赖床，父亲的短消息到了——起床了吗？别误了学生的课；每每到了吃饭时间，他的短消息又到了——吃饭了吗？别饿坏肚子；每每我在网上打牌，他的短消息又到了——睡了吗？过度游戏有害健康，关好门窗，谨防小偷……我想我三十多岁了，还不能料理自己的生活吗？就暗地里笑他的婆婆妈妈。偶尔回个短消息，也是“电报式”的，“嗯”“好”“没”是我常用的消息内容。

父亲的病重了，听说他发短消息很吃力，我劝他说：“还是打电话吧！方便。”父亲笑着说：“发短消息，既便宜又解闷儿。”之后他扬扬小灵通说：“最最重要的是，它不会打断我的话。”听了这话，酸楚像潮水一样涌上我的心头。

父亲走的前一天，我收到父亲的短消息：“我很好，勿念！”这是他所有短消息中最简要的一个。我没料到这会是父亲给我的最后一个短消息、最后一个安慰、最后一个善意的谎言。

当我第二天早早到医院的时候，父亲已经深度昏迷了，小灵通就摆在床头。母亲说，昨晚他就时不时地看小灵通，大概在等你的短消息。

任凭医生使出浑身解数全力抢救，任凭我们撕心裂肺大声哭喊，都不能让父亲从昏迷中醒来。他是笑眯眯地离开这个世界的，带着对这个世界的无比眷恋、对我的无比牵挂。

父亲的短消息，我舍不得删去，这是父亲留给我的精神财富，够我受用一辈子。

（何玉铉）

坚 强

中央三台《我要上春晚》节目现场。董卿说："《我要上春晚》是大众舞台，不管是明星大腕，还是普通百姓，只要你有绝活，都可以报名参与。"接着，她请出了"西单女孩"任月丽。一条普通的旧牛仔裤，一件天蓝色的短袖T恤衫，一头自然的披肩短发，身挎一把吉他，朴实的神情、纯净的目光，一看便是一个不曾被世俗的尘埃污染的乡村女孩。

在接下来的交谈中，女孩道出了自己苦难的身世。她的家庭连普通都称不上——母亲智残，她从小就基本没有得到过母爱；父亲双脚残疾，走路都很困难，但为了一家人的生计，不得不奔波劳碌；家中还有一个年迈的奶奶……

任月丽自小喜爱唱歌，煮饭的时候唱、干活的时候唱、休息的时候坐在院前的矮墙上唱。因为唱歌能让她忘记生活中许多的苦。为了减轻父亲的负担，懂事的任月丽十六岁时便离家来到北京打工。她找到的第一份工作是在餐馆洗盘子，可干了一个月后，老板欺负她是"黑户"，她连一分工钱都没有拿到。

后来，在北京举目无亲的她遇到了一个流浪歌手，自小就喜欢唱歌的她突然就像看到了在北京生存下去的曙光。她向流浪歌手学习吉他弹奏和演唱技法。不久之后，她用节衣缩食省下来的钱买了一把二手吉他，开始了在北京西单地下通道唱歌挣钱的生涯。而后，一唱就是四年。这四年间，风雨寒暑里的辛苦自不用说，那些冷漠、嘲讽、轻视的目光，一直都使女孩心存自卑，不敢抬头看路人。

节目的现场播放起了网友拍摄的一段视频，那是任月丽成名之前在西单一个地下通道唱《天使的翅膀》的情景。歌声纯净清丽，而女孩却一直低着头。在这个过程中，间或有一些行人往摆放在地上的吉他套上放零钱。

镜头回到现场，音乐响起，女孩轻轻拨动琴弦，唱起了《漂流瓶》。“北风路过这寂寞的城，瞬间寒冷……”歌声一起，全场掌声雷动。短短两分钟的演唱，观众五次情不自禁地为她鼓掌。听着听着，那已不再仅仅是歌声，那是心灵深处的倾诉，是对美好生活的向往和渴盼，更是对挫折和不幸的昂扬面对，它诠释了内心信念的力量。

任月丽在西单地下通道唱歌时，每个月能挣一千多元钱。她每个月都要给家里寄回去500元，其余的除了交房租和必要的开支外，已是寥寥无几。她生活非常节俭，每次去唱歌前，花一元钱买上两个馒头，然后骑一个小时的自行车赶到西单。

在地下通道里，有人问她，你这样辛苦挣钱，用它来做什么呢？

她脱口就说，给父亲治病，让家人过得更好一点儿。在常人看来，对于父母残疾、16岁就因生活所迫而离开家外出打工的女孩来说，家庭给她的温暖和快乐少之又少，她抱怨也在情理之中。但是，任月丽心中时时所装的，是亲情和那个苦难的家，她在外辛苦奔波，从没有一句怨言。

在西单地下通道唱了四年的任月丽，被网友们亲切地称为“西单女孩”“西单天使”。现在，她有了自己的第一张专辑，专辑有一个温暖的名字——《微笑着坚强》。

（安建雄）

十八岁，终于懂得父爱

小时候家里穷，你没钱给我买新衣服和玩具。但你却常常用最简单朴素的方法，给我带来最大的快乐。那时，你是我心中的好爸爸。然而上小学后你变得很严厉。你深知知识的重要，而我仿佛是从进入校园的那一刻起就被寄予了让全家人奔小康的希望。轻则检讨说教，重则体罚挨打，不知受了多少皮肉之苦，天资并不聪慧的我才得以一直保持全班第一，而我的成绩一直是你的骄傲。我觉得你好可怕，一点儿都没有小时候那种慈爱的样子。

虽然我表现得很乖，但孩子毕竟是玩念的。我受不了那种每天在你的监视下读书学习的生活，妒忌窗外同龄孩子玩耍时的快乐，我恨你剥夺了我该有的喜悦。印象中的你，永远是一副狰狞的面孔。一天，我借口学校搞活动，逃出去和同学玩。那是我玩得最尽兴的一次，抛开了所有学习的压力和烦恼。

你怒不可遏。我意料之中地被家法伺候了。我恨你为什么不给我应有的自由，为什么对我没有其他孩子父亲的怜爱。

不负众望，我如愿进入了乡里最好的初中。拿到通知书时，你露出了难得的笑容，说：“孩子，你要加油！”我很努力，成绩一直名列前茅。不再想着偷偷出去玩，不再想着如何逃避你的监视。当同学对我优异成绩的羡慕和老师对我勤奋学习的夸奖渐渐增多时，我有点儿感激你曾经的不近人情。我开始试着理解你，希望你的爱与期望能够折射出最大的合力。

初一期末考，我意外地考了73分。“几天没说你，又得意了是吧？不打你，你就学不好吗？”你仿佛又恢复了从前凶狠的样子。直到被打得青一块紫一块的我忍着眼泪，承认了错误，你才似乎恢复了理智，对我说：“孩子，打你的时候，我不是不心疼。看着你哭泣和满身的伤痕，我也难过。爸爸知道你平时成绩好，失手一两次也难免。但是你要知道，以后的人生道路上，不是你每次失手后，都会有机会让你去弥补的。你要严格地要求自己。”

这是从小到大唯一一次挨打后，你对我作出的解释。每句话都是那么真，那么让人辛酸与感动。那一刻，我们对视了好久。你终于说了一句：“孩子，对不起。”

16岁，我失恋了，坐在书桌前哭了好久。你来到我身边。我满以为会招来你的责骂。然而你只是轻轻抚摸着我的头，把我抱在怀里说：“孩子，别哭了，爸爸很心疼。那个男孩有什么好的，爸爸觉得我的女儿才是小公主呢！”被触到痛处，我哭得更伤心了。你就一直抱着我，让我的头靠在你的肩膀上，允许我不停地哭泣。以前你是从来不允许我在挨打时哭的，而今天你是那么宽容，那么通情达理。

上大学后的第一个父亲节，我给你发了条祝福的短信。你回我说，孩子，没想到你是那么记着爸爸。谢谢你原谅爸爸曾经对你的伤害，爸爸很高兴。握着手机，突然感到此时的你像一个犯了错误渴望获得家长宽恕的孩子，一如从前的我，那么辛酸。爸爸，我是曾经怨过你，但是如果说成为被你驯服的小马，能够弥补我曾经的过错，让你感到自己的付出有了回报，那我又何乐而不为呢？

18岁，终于被你驯服，而我心甘情愿这样的被驯服。

（刘　悦）

爱的移位

每晚，儿子都要回家，看望独居的老父亲。

儿子摸摸藤椅，轻轻摇了摇，藤椅吱呀吱呀地响。儿子弯腰检查，发现藤椅一条腿上的藤条松了。每次回家，儿子都要仔细地查看父亲坐的椅子，是不是结实；门把手，是不是牢固；柜子，是不是稳定。父亲老了，即使在家里移动，也得依靠那些能够随手抓到的东西，使一把劲，他得确保老父亲家里的每一件东西，都稳固、结实，以免老父亲使用时发生意外。这把藤椅是老父亲最喜欢坐的椅子，他坐上面读读报纸，坐上面看看电视，坐上面打个盹，坐上面发下呆，坐上面思念母亲……在儿子的印象中，老父亲大把大把的时间，都是在藤椅上度过的。藤椅陪伴了他二三十年，也许更久。现在它有点松了，不再像以前那么牢固了。儿子赶紧找来工具，先用铁丝将藤椅的腿绑牢，然后，用旧衣裳撕成的布条，一层一层地缠起来，这样藤椅既结实，又不会伤着老父亲了。

若干年前，年轻的父亲自己动手，用木头做了几把轻便的桌椅，专门给儿子用。年幼的儿子很调皮，任何东西都会成为他的玩具，小椅子也不例外。害怕椅子太重，砸伤了孩子的脚，所以，年轻的父亲特地找来质地最轻的梧桐木，做成了几把椅子和一张小桌子，并且耐心地将每一个角都磨圆，这样，即使孩子碰着了，也不至于弄伤他。

儿子走进书房。老父亲一辈子爱书，一堵墙都是书架，摆满了各种各样的书籍，老父亲现在还经常找几本出来读读。每隔一段时间，儿子都会帮老父亲整理、清理一下书架，将老父亲常翻的一些书，移到书架的下层，这样，父亲拿起来方便，就不用自己登高去翻找了。老父亲的年龄越来越大了，每登高一次，都会增添一份危险。为了防止老父亲爬高，儿子将家里的东西都尽量往下搬，移到伸手可及的地方，这样，老父亲需要什么，随手打开柜子，就可以拿到了。可是，倔强的老父亲，有时还是会偷偷地站在凳子上，找这找那，这让儿子非常担心。他几次“严厉”地“警告”老父亲，若是再站凳子的话，他就将书架的上面几层给封死，以杜绝危险的发生。

若干年前，儿子从蹒跚学步，到自如地奔跑跳跃，正一天天地长大。儿子给这个家，带来了无穷的快乐。但是，这个调皮的男孩，也因此造成了一次次险情。好奇心使他什么东西都要看一看，什么东西都要摸一摸，什么东西都想玩一玩。为了不伤到他，年轻的父亲只能将家里一些易碎和危险的东西，往高处藏：放在茶几上的玻璃杯，都移到了柜子上；摆在桌上的花瓶，挪到了橱顶上；开水瓶藏在了厨房平台的最里层。可是，这一切反而更激起了孩子的好奇心，年轻的父亲越将东西往高处藏，孩子越想看一看。他趴在桌子或柜子沿上，踮起脚尖，再踮起脚尖，然后，伸手去探，去摸，去捞，去勾……“啪!”一个玻璃杯碎了；“哗啦!”一个装满东西的盒子摔到了地上。年轻的父亲看到孩子的模样，真是又好气又好笑，佯装“严厉”地“警告”他，再这样小心揍屁股。而他从没有因此打过孩子，他怎么能够阻止一颗向往、好奇的心呢?

将家里认真检查了一遍之后，儿子来到客厅，在沙发上坐了下来。老父亲正在看一部重播的古装历史剧，他对这种古装戏其实没什么兴趣，但他还是每晚陪老父亲看上一集。有一次，老父亲对打着盹的他说，你累了，赶紧回去休息吧。他惊醒了，对老父亲说，回去只能陪她看煽情的肥皂剧，您就让我在这儿多看一会吧。老父亲乐了，女人都这样，你娘在世时，不也喜欢看那些电视吗，你要让着点她。儿子点点头。儿子和老父亲，继续有滋有味地看着电视。

若干年前，儿子上中学了，学业越来越紧张，应试、升学，将儿子和全家人的弦，都绷得紧紧的，特别是高考之前那段时间，家里的空气沉闷得就像炸药，随时都会被点爆。人到中年的父亲和母亲，在家里走路，都是踮着脚尖的，生怕轻微的响动，影响了紧张复习的孩子。一次，儿子惊讶地发现，家里的电视机很久都没有打开过了，他问父亲，你们怎么不看电视了呀？父亲不屑一顾地说，电视节目越来越粗糙，越来越难看，看了就生气，不如不看。儿子信以为真。直到他高考结束那天，家里的电视机才和父母的笑声一起重新响了起来。

夜慢慢深了。儿子将老父亲搀扶上床，然后，告别老父亲，轻轻带上门，回自己的家去了。

若干年前，每个寒冷的冬夜，父亲都要披衣起床，蹑手蹑脚走进儿子的房间，将儿子蹬开的被子掖好。儿子翻了个身，又沉入甜甜的暖暖的梦乡。他不知道这一切。

（孙道荣）

当感恩不在

我读高中时，宿舍院里有一位退休的老技工，六十多岁了，每月都替八十余岁的师父领工资，然后坐车送往师父家里。师父子孙满堂，领工资的事完全可由子女代劳。后来工资改在银行提取了，听说这位70岁的徒弟还是每月坐车探望90岁的师父。他说："一朝为师，终身为父。"这种完全摈弃了功利的感恩之心，使这位普通的退休技工的形象在人们心中顿时高大起来，院里的人们都很尊敬他。有一次我去看望他，谈起人生的体会，他说："人本无高低贵贱之分，但是做人却有三六九等之别，知道感恩的人应该是最高的一等人。"这话我一直铭记在心。

然而，现在越来越多的优良传统被慢慢抛弃了，感恩就是其中之一。有一位孤寡老人，用自己每月300元钱的退休金和每天早出晚归拾荒赚来的钱，资助三个贫困大学生。在他们求学的几年中，每人都获得了老人几千元的资助。得到这些钱时，他们言辞动听，可是在他们大学毕业找到很好的工作后，竟无一人上门感谢老人。深圳著名歌手丛飞曾耗巨资资助了大量的贫困学生，但当他自己重病住院、经费十分困难时，他先前资助过的学生——其中有好几个已经大学毕业，有了收入很高的工作，有的就在深圳，竟然没有一个人来看他，有一个当年的受助者甚至没心肝地说：“他救助我是为自己出名，与我有什么关系？”这不能不说是社会发展的一种悲哀！

有位菲律宾老华侨，为了测验学生们的感恩之心，曾专门作过一个测验。他分别给家乡几所学校的校长写了信，希望每个校长能提供十来个学生名单，他从中选定人选，作为他资助的对象。家人嗔怪他的愚昧，既是捐赠，何必把程序搞得这样复杂？老人摇摇头说：“我的血汗钱只给予那些配得到的孩子。”

名单很快就到了老人手里。老人让家人买了许多书，分门别类地包装好，准备寄给名单上的孩子。家人面面相觑：这样微薄的赠与是不是大寒碜了？大家断定书中自有“黄金屋”。可翻来翻去也没有找到夹在书中的纸钞。只是在书中的第一页看到了老人亲笔书写的文字：赠予品学兼优的学生……落款处是老人的住址、姓名。家人大惑不解，却也不愿违背老人意愿，只好替他一一寄出那些书。

夕晖来去匆匆，老人常常莫名其妙地唉声叹气。从黄叶凋零到瑞雪飘飞，谁也猜不透他所为何事。终于让家人读懂老人心的，是一张很普通的新年贺卡。封面上写着：感谢您给我寄来的书，虽然我不认识您，但我会记得您。祝您新年快乐！没想到老人竟然兴奋地大呼小叫：“有回音了，有回音了，终于找到了一个可资助的孩子了。”家人恍然大悟，终于明白了老人这些日子郁郁寡欢的原因。他寄出去的书原来是块儿“试金石”，心存感激的人才会得到他的资助。

老人说：“土地失去水分滋润会变成沙漠，人心没有感激滋养会变得荒芜。不知感恩的人，注定是个冷漠自私的人。不知关爱别人，纵使给他阳光，日后也不会放射出自身的温暖，而且也不配得到别人的爱。”

做人的境界如何确定？我认为，感恩是个重要尺度。

我很喜欢吟唱《绿叶对根的情意》：“我是你的一片绿叶，我的根在你的土地。春风中告别了你，今天这方明天那里，无论我停在哪片云彩，我的眼总是投向你。请你祝福我，我也祝福你，这是绿叶对根的情意”。这美好的歌声让我领悟了感恩的深刻道理。

（王　涛）

失去母亲就失去了故乡

母亲重病住院，我在病房看护。不曾这么长时间地端详过母亲：整整一夜，让我好好看看你。紧皱的眉头，在跟病痛较劲。昏睡的面庞老了多少岁？蓬乱的头发，白的多，黑的少——夜色中布满刺眼的闪电。也许应该感谢这场病，是它提醒了我，并且给我提供了一个整夜凝视你的机会。我要把欠你的关注全部偿还。

很多年了，母亲像吃饭一样吃药。一日三次，大把大把地吃各种各样的药片，开水冲服，对付身上各种各样的病。她的生命完全靠药物维持着。“妈妈，药苦吗？”“因为我的命更苦，就不觉得药苦了。”这是想象中的一段母子对话。我从来没敢这么问她。即使敢问，也不敢确定她会这么回答。母亲构成我命中的乳汁与蜜，可她自己的命像黄连一样苦。我最大的痛苦就是：想减轻你的痛苦，却没有办法。妈妈呀……

最后一个早晨，母亲醒来后，问我一夜没睡，累吗？问我跟单位请假方便吗？她一辈子都是这么个人：生怕给别人带去不方便，包括对自己的儿子。

她又跟我追忆了一下犯病的情况，说那天不该出去晨练，结果冻感冒了，触发了心肌梗塞。她语气平淡，但看得出内心挺后悔的，不仅后悔自己发病，同时后悔因为发病给亲人带来麻烦。我并不知道这是她生命的最后一天，她也不知道。或许她隐约有所感觉，故意装着不知道？她自言自语地重复医生的话："这七天都是危险期。七天后就能由重症病房转入普通病房。今天已第三天了……"似乎说给我听的。

她的早点是几汤匙稀饭，怕增加心脏负担，医生不让她多吃东西。她悄悄告诉我她很饿，表情像一个老了的孩子。我握住她的手，让她忍一忍。她就忍住了。医生过来查房、量体温，母亲很乖地躺着，用胳膊夹紧温度计。我坐在床边，向医生咨询着病情，觉得自己像母亲的家长。"妈妈，你可要挺住哇，儿子给你撑腰呢！"

父亲来了，替换我回家休息。我补睡了一会儿，起床后在空荡荡的家里转一圈，忽然有凄凉的感觉。母亲不在家，家不像家了。泪水控制不住流了出来。

赶往医院，在母亲病床前站住，她的病情又加重了，觉得心都跳到嗓子眼，很疼很疼。父亲和我连忙通知医生，抢救的医生、护士纷纷涌进病房。我被赶到门外，只能从门缝往里看。母亲疼得受不了，翻身从床上坐起，想找地下的拖鞋。一定想回家吧？医生把她按住，然后使用医疗器械抢救。

我永远忘不掉母亲侧身坐起的背影，想起身回家的背影。可惜不能上前搀扶她，只能站在门口泪流满面地看着。

两个多小时的抢救无效，母亲停止了呼吸，也结束了自己的痛苦。我承受的另一种痛苦，无法减轻，还在逐渐增强。“妈妈，我只能接你的灵魂回家了。”一个儿子最大的痛苦，莫过于目睹母亲的死却无能为力，但比母亲离去时自己不在身边要好一点吧？我这样安慰着自己。

其实母亲发病送医院抢救时就很危险。在急救室度过惊险的一夜，母亲缓和过来，坚持了三天。医生说母亲的心肌大面积坏死，十二根血管堵塞九根，只有十分之一的生还可能。母亲硬是坚持了三天。父亲说母亲在等我呢。等我请假、买票、整理行李，从北京赶回南京，等我见最后一面，等我陪伴她两天一夜。从18岁离开故乡，到外地生活22年，这是我最伤心的一次还乡：为了同母亲诀别。“妈妈，谢谢你忍住剧痛坚持着，谢谢你给了我生命，同时又给了我你最后的两天一夜！”原谅我吧，原谅我带给你的22年离别，原谅我在这两天一夜里没能多做些什么，但愿我的陪伴多多少少减轻了你的疼痛与恐惧。

因为三天的治疗和最后的抢救，母亲身上有针眼和小块的淤痕。因为心脏衰竭引起窒息，母亲脸色发青。我成为一位受难的儿于：和医院的护士一起擦拭母亲的身体，给她取下病号服、换上寿衣。再一次握住她变冷的手，她已没有感觉，不设防地躺在我面前。就像我诞生时，也曾如此不设防地躺在她的怀抱里。这才是我真正的出生地！我的出生地不是南京，也不是南京某医院，而是南京的一位普通市民的身体，就是眼前这个沉睡的女人。她在我心目中比一座城市还重要，正是她使我跟这座城市产生了联系。“失去母亲，等于失掉最遥远的故乡，故乡中的故乡。”

（洪　烛）

学会感恩

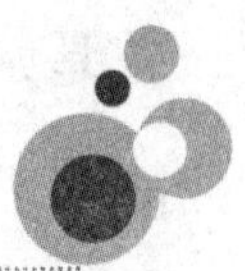

我听人们说过拥有一颗感恩的心会让人有个好心情，只是对如何放下心中的烦恼感到有些茫然。为了得到指点，我给加州大学的罗伯特·艾蒙斯教授打了电话，他一直在研究积极思维对人的益处。艾蒙斯教授引用了一些新研究发现告诉我，即使是勉强地对他人表示感谢，也会提升自己身体中与快乐和满足有关的化学物质——血清素和多巴胺的水平。他对我说，像遇到了幸运之事一样生活，好运不久就会真的降临到你身上。

他建议我坚持一个星期或一个月，把每一件值得感恩的事情都记录下来。一项重要的研究显示，记录下值得感恩之事的人们在十个星期后会比没记录者的幸福指数高出25%。

我按艾蒙斯教授的建议做了，但是起初所记录下的感恩清单却很勉强："1. 喝咖啡。2. 打盹。3. 咖啡因没过量。"随着记录的继续，我发现值得感恩的事情也在增加。

到第三天时，我就无所不写了。但是很快，这种事无巨细的记录就开始让我感到有些厌倦了。"如果你过分地感恩，也就失去了它

的意义，或者更糟糕的是，它变成了一种负担。”当我向《真正的幸福》一书作者马丁·塞利格曼提到我的困惑时，他这样告诉我。

随后，塞利格曼建议我进行一次“感恩拜访”，对一位使你的生活有了很大变化的人表示感谢。他让我给他或她写一封内容充实的信来表达心中的感激，然后面对面大声地把信朗读给对方。“这无论是对于表达者还是对于接受者，都是非常感人的时刻。”塞利格曼告诉我。

听到这话，我马上想到了瑞琪小姐，我八年级时的一位英语老师。她是让我第一次了解到海明威、福克纳，还有其他一些文学巨匠的人；她是第一个鼓励我写作的人，直到今天我还在按她的建议在写作。但是我何曾对她说过一句感谢话？我找到了瑞琪老师的电话，得知她至今还在那所学校教书，几乎有40年了。后来我买好了飞机票，准备回到位于宾夕法尼亚州斯克兰顿市的老家，专程去看望那些曾经对我有过帮助的人们。

我在飞机上一遍遍地修改着写给瑞琪小姐的信，觉得已经牢记在心，可是当我走进她的教室时，我感到自己比小时候还要惴惴不安。

瑞琪小姐还留着长发，目光睿智。小叙之后，我们坐了下来，我深吸一口气，开始读信。

“感谢您对于我的生活产生的影响，”我开始了，“大约在30年前，您在八年级的课堂上让我领略到了文字的美妙，您对于书中故事和人物的热情，以及对于文学的热爱让我认识了能给予我智慧的另一个世界。”

刚读几句，我们就都感动了，我人生中的第一位导师幸福地倾听着，我对老师的感激之情滔滔不绝地流淌而出，几十年的心里话在这一简单的行动中表达了出来。“时光飞逝，记忆也变得模糊，但我永远也不会忘记当年每天走进您课堂时的快乐。”当读到这里时，我感觉自己是在替几代学生说出了共同的心声。

不出塞利格曼所料，我们师生两个人都流泪了。回到家以后，一种踏实和快乐感依然久久索绕在我的心头。

从那以后，我又写了几封感谢信，每当妻子和我在生活中感到不如意时，我们就会再次进行“感恩训练”将其化之于无形，生活中的烦恼还会有，但是我们学会的感恩有一种回音——这种回音的力量很大，足能让一个在清刷洗碗机时牢骚满腹的人从烦恼中解脱出来。

（孙开元　译）

一个穷孩子的大学

6岁那年上小学时，他心里只有一个梦，大学梦。

他知道，妈妈去世后，爸爸是怎样把他带到了6岁；他知道，爸爸是为了什么带他离开乡下老家，住在城里这间60元房租的小黑屋里；他知道，在遥远遥远的前方，有一个名叫大学的地方，他一定要走到那里。走到了，他和爸爸才能走出苦难走进天堂。

他一步一回头地看爸爸，从来不笑的爸爸想对他笑一下，却剧烈地咳嗽起来，直咳到抖颤着腰蹲在地上。他扑过去跪下抱住爸爸，大哭说："爸呀，你少干点活……我很快就长大了……"爸爸终于对他笑了一下，说："快走吧！"

从上学第一天起，他就是一个很特殊的孩子。外面世界的一切都影响不了他，他甚至连看也不看。他只想爸爸，他的世界里只有爸爸，他该想什么该做什么只有爸爸是他的唯一依据。他穿得很破烂，小乞丐似的，有同学指指点点笑他时，他连一丝反应也没有，继续看他的书写他的字。

走出学校的门，他就是另外一种姿态，马上飞奔起来，以最快的速度去见爸爸。无论爸爸是在打零工的岗位上，还是病倒在家中，能帮爸爸一把或者能用自己的好成绩让爸爸宽慰一下，这就是比学习更紧要的事情。上学成为优秀学生，这对他来说简直就是件很轻松的事情，他更多的心力必须花费在爸爸身上。爸爸累出了至少20种病，而且从来不肯主动为病花一分钱，强迫爸爸治病和休息，是他众多责任中的一种，这比上学考大学要艰难百倍。

2008年，他考上了大学。但，18岁的他已经明白，他的大学并不是爸爸的天堂。也许自己可以由此走向天堂，但爸爸的身体很难等到那一天！所以，他的学业和前程仍不是最重要的，最重要的还是爸爸。因此，他上大学后的第一件事，就是极力争取到勤工助学岗位，同时挤尽所有时间打零工，并通知爸爸："您别再打工了，儿子可以养活您了……"

然而，他的学习依然优秀，因为他比所有学生每天都多出六七个小时的时间来学习——他每天只睡三四个小时，就连吃饭时也必有"兼职"的事情做，比如预习新课。有人说，他的大学只是兼职，而他的另一所更重要的大学则是爸爸，他在学着怎样才能像功成名就的儿子那样让爸爸提前幸福安乐，这种"学业"比书本大学要深重得多。

大二寒假，他就像一个已经工作了的有钱孝子，求着劝着将爸爸接到了大学附近的一间租房里住下，他要正式为爸爸治病。全面诊断的结果是：爸爸最紧急最要命的病是急性粟粒性肺结核和慢性肾功能衰竭！爸爸抗拒治疗，他大哭求医生——捆绑治疗，给爸爸颈部植入临时血透管！他24小时守护，求、劝、讲理、吹牛……被控制着的爸爸只好赌气答："好吧，我就做咱曹阳家族的罪人吧，就让我毁了你的前程吧！"

他笑了，只要爸爸答应就好办。治疗要40万元手术费，他跑回老家，将家里的房产全部变卖，再东求西借。跑回医院，他求医生先做手术，他马上辞掉大学学业打工，一定保证后续治疗的费用！医院没意见，但爸爸说话了："你敢放弃大学，我就有办法死在这病床上，试试看?"这下他难以做主了，赶紧认错，改口说绝不辞学，他还有办法！

他的办法就是：在手术治疗后接爸爸住在大学旁边的租房里，他拼尽课余时间打工，能打多少份工就打多少份工，再不行他就卖血卖器官，总有办法让爸爸去医院做后续治疗，不把爸爸身上的所有病全部治好不罢休！

开学后，全校师生为此震撼了。从校长到刚入学的新生，每个人都伸出了救助的手。学院减免了他的全部学费，爸爸后续治疗的全过程中，病床前一直没断过看望和守护的师生亲人。接爸爸再回租房后，租房又成了亲人、好心人温暖无比的幸福之家。至此，他的灵魂发生了一次全方位的升华，他对爸爸说："爸，我又上了一所最好的大学！"爸爸说："是感恩大学！"

是的，感恩大学，是他最得益的大学。高层次的感恩与回报就从校园里开始，他心里已不再是只有一个爸爸，而是与所有人的交流互动，与全社会的同向融升。他仍是拼尽全力而为，已不再是为父为己，而是为人人，救助残疾儿童、做义务爱心家教、参加小红帽支教队、组织关爱老人工作组、走向社会参加义务劳动和扶贫济闲活动……2010年10月，他加入了中国共产党；2011年，他成为“红色校星”“感动福建十大人物”“中国大学生自强之星”“第三届全国道德模范”……

大学，不一定能成为一个学子的前程保险梯。但，大学的所指所容却是无限的，绝不仅指书本学业的成就。引领并成全穷孩子曹阳飞字的是一条定向的红线：感恩——磨难——融升！从苦难的底层到大悟的峰顶，这是一个学子难得的进化全程。这样的大学，才是人生起飞的金质平台。

（张鸣跃）

母亲的心，容不下一个担心

儿子在400多里外的异乡小城教书，只有寒暑假时才回家，平时全靠打电话跟母亲联系。

前些日子，村里一个儿子儿时的玩伴，到南方出差，轿车被后面的货车瞬间吞没了……

不幸的消息很快在村里传开了，自然也传到了母亲的耳朵里。母亲听后，竟吓出了一身冷汗，好像出事的是自己的儿子。过了一会儿，她仿佛恍悟似的，很紧张地说道："我得赶紧给儿子打个电话，跟他说说，以后走路啊，要多加小心……"

于是母亲喊来邻居，请他按照儿子事先写在墙上的号码给儿子打电话。结果没打通。

这下母亲更着急了。以往什么时候都能打通，这次怎么就打不通了呢？难道儿子……她不敢往下想了。心如热锅上的蚂蚁。

不可能，绝对不可能，儿子无论做什么事情都很稳当、谨慎，她又在心里不断地安慰自己。但是手机没打通，就像一块石头压在她的心上，沉重得让她感到窒息。

于是她决定必须去看看儿子。可是怎么去呢？60多岁的她还没有自己出过一次远门。

“我可以不停地问哪。对，就靠这张老嘴吧。”

虽然400多里不算很远，但是中间要换三次车。母亲就不停地问司机、乘客、路人……与其说她是坐车来的，倒不如说她是问来的，摸索来的。

在母亲看到儿子的那一瞬间，她一路的疲惫、辛苦顿时都烟消云散，取而代之的是满心的喜悦、满眼的泪水。

当母亲把事情的来龙去脉说完后，儿子的泪水夺眶而出，良久无言。其实此刻母亲最高兴的不是听儿子说什么，而是看到自己的儿子。连日来的担心终于一块石头落了地。

原来，事情是这样的——前几天，“粗心”的儿子上街买东西，回来时，手机就“不翼而飞”了，还没有来得及去买……真没想到，没有及时跟母亲联系竟然给母亲的生活掀起了这么大的波澜！而如果母亲不来的话，他的生活将依然风平浪静。也许，这就是做母亲和做儿女的区别吧——一边忧心如焚，一边悠哉乐哉。

在这个世界上，总有一些人无视你、忽略你、冷落你、遗忘你甚至背叛你、伤害你，而永远始终如一地牵挂你、疼爱你的只有母亲。所以哲人说：“世间需要仰视的有两个，一个是太阳，一个是母亲。”这话说得何其恰当。

（韩　青）

父亲，请你醒过来

我急急地往回赶，因为父亲病危。父亲突发重病，晕倒在地，昏迷不醒。列车像一头疯狂的不知疲倦的野兽，拼尽全力地奔驰在墨色的高原上。没有一丝星光的夜晚，让人窒息。此刻，我的心好像被铁轮轧了一般，疼痛难忍。又犹如悬河而行的列车一样，面临深渊，行在崩溃的边缘。大脑中重复的画面像尖刀一般，刺痛着我每一根敏感的神经。

我赶到医院时，父亲早已躺在病床上。冰凉的房间，清一色的惨白令气氛更加压抑。我冲过去，抱着父亲，失声痛哭。慈爱的父亲没有像往常那样抚摸着我的头，也没有像往常那样亲切地安慰我。所有的幸福在此刻都化成一汪泪水，夺眶而出。我使劲地拥抱着父亲，用脸去蹭他的胡子，希望他可以醒过来，看一眼哭泣的我。但是……良久，父亲仍然昏迷着。

父亲脸色蜡黄，双眼深深凹陷。由于脑部神经受损，神志涣散，父亲不省人事。粗糙的大手上还残留着黑色的油污，不知道在背井离乡后，父亲为了生计吃了多少苦头，日子刚刚好过了些，无情的灾难就将这一切给摧毁了。“爸爸，您醒醒，儿子需要您，这个家需要您，求您了，醒醒吧！”一声撕心裂肺的哭声仍旧未能将父亲唤醒。

残酷的现实将幸福撕得粉碎，无情的列车不肯为我多停留一秒钟，让我再多望一眼父亲曾经整天奔忙的城市。我忍受着良心的谴责离开最需要我的父亲，不安地回到学校，悲伤与无奈混成一股冗杂的洪流向我袭来，一声长长的哀号下，无情的列车缓缓停下，到站了，这是一个生命的穷途吗?

冰凉的寒风夹着悲伤刺入我的心底，我独自走在无人的街道上，仰望着万家灯火，回想曾经属于我们全家的幸福时光。而如今，这幸福就要随风而去……

这一夜，我彻夜难眠，用心去守护远在他乡的父亲；这一夜，泪水浸透了枕头，我要用真诚感动上天，还父亲健康；这一夜，我重复着一句话：“我愿意牺牲我的一切来换取父亲的幸福安康……”

刺耳的铃声划破黎明前浓重的黑暗，我发疯似地拿起手机，双手颤抖，心跳剧烈。电话里传来母亲激动得有些哽咽的声音：“你爸……醒了，刚醒过来……”后面的话我已经没有气力去听了。静静的，我望着破晓而出的第一缕阳光，是那样美丽，仿佛是父亲慈祥的微笑掠过我的心头，甜甜的、暖暖的。悲伤疲惫的心此刻终于归于平静。

无情的车轮曾将幸福碾碎，父亲的灾厄曾让我悲伤。但是，我从未想过放弃。因为，我坚信幸福会再次回来。在灾难的洗礼中，我们变得坚强，在伤痛的泪水中我懂得珍惜。人生漫漫，风雨兼程。一路走来，坎坷崎岖，有爱做纽带，我们相濡以沫，不离不弃。

（张　宇）

谢谢你和我说话

公交车缓缓进站，上来一位老伯，手里拎着一个布袋子。他冲驾驶员笑笑，这条线路上所有的公交车司机，都认识他。

车上乘客不多，老伯往投币箱里投了一枚一元硬币后，照例坐在驾驶员身后的那个座位上。有的驾驶员见他刷过老人卡，老人卡可以免费乘车，奇怪的是，大部分时候，他都会投币。

公交车继续前行，到了下一站。

上来一批背着书包的小学生。这个时段，正是孩子的放学时间，附近就有一所小学。他与走在最前面的男孩子打招呼，放学啦？男孩点点头，喊了声“爷爷好”。孩子们看见了他，唧唧喳喳地和他打着招呼，很熟悉的样子。他笑眯眯地一一应答，还不时叮嘱他们几句：“慢点儿，拉好扶手，别掉着了！”孩子们一窝蜂地涌向车尾，那是他们最喜爱的座位，他们可以坐下来，扯扯校园里的趣事而不受干扰。他目送孩子们找到座位，坐好，这才对前面的司机说，可以开车了。好像他是调度似的。司机笑笑，起步，向前驶去。

又进站了，没什么人上车。公交车刚要起步，从后面匆匆跑来一个人。老伯从车窗看见了奔跑的中年男人，对司机说，等等，有人。司机也从后视镜里看见了，停下来，等。中年男人气喘吁吁上了车，满头大汗。四处摸口袋，掏出来几张皱巴巴的纸钞。中年男人很窘迫，结结巴巴，一嘴方言："师傅，俺、俺没有零钱，咋、咋办哪?"中年男人拎着一个鼓鼓囊囊的破旧工具包，身上粘满泥灰，一看，就是进城打工的农民工。老伯向中年男人招手，不要急，我帮你掉换。说着，打开随手拎着的布袋子，从里面抓出一大把硬币，帮中年男人换了五元，并告诉他，投一枚就可以了。中年男人连声道谢。老伯笑笑，拍拍身边的空座位，过来，坐下。中年男人感激地走过来，坐在老伯身边。

公交车向前驶去。老伯和中年男人聊起天来。

几站之后，中年男人到站了。他恋恋不舍地和老伯告别，下车。车开出了很远，老伯还不时扭头，看着车后，自言自语地感慨，真是不容易呀。

正在修路，公交车一路颠簸地前行。连续几站路，没什么乘客上车，老伯落寞地看着窗外。

又一站。上来一个背着旅行包的年轻人，问司机，到某某地怎么走？没等司机回答，老伯便主动搭了茬，为年轻人指路。年轻人是外地人，对方位弄不大明白。老伯又从布袋里掏出纸和笔，画了一张示意图给年轻人。年轻人总算搞清楚了线路。年轻人在老伯的身边坐下，一老一少，聊了起来。老伯很开心地在年轻人手中的地图上指指点点，仿佛也回到了年轻的时光。

公交车在前方转个弯，掉头往回开，这是一条循环线路。乘客不停地上上下下，有时候，靠站停下的时候，老伯也会见缝插针，和司机聊上几句。今天的天气不错，老伯的心情，看起来也蛮不错。

在上来的那站，老伯下车了，拎着布袋子，和司机告别。老伯站在站台上，向司机挥挥手。这条线路上的所有司机，都认识他。每天这个时候，他都会坐上公交车，绕一大圈回来后，再下车回家，风雨无阻。听说他有一双儿女，都在外地工作。他每天坐车，就是为了找个人，说说话。

（孙道荣）

父亲的年终总结

春节回老家过年，偶然在父亲枕头下发现一个日记本，打开一看，里面密密麻麻写满了宁——今年收入：卖苹果3万元，玉米2000元，小麦3000元，打零工2600元，零散收入621元。合计38221元。今年支出：种子、化肥、农药3500元，大儿子买房给了1万元，二丫头做生意给了5000元，三小子学杂费、生活费15000元，人情往来500元，零散支出473元。合计34473元。

今年大事记：大儿子终于在城里买了房，虽然是按揭，可总算有了个像模像样的家，我心里也高兴，只是不能给孩子在经济上更多的帮助，这孩子打小就吃了不少苦，以后还房贷更是要勒紧裤腰带过日子，家里尽量能帮一把是一把吧！

二丫头单位效益一直不景气，今年开了个小服装店，家里赞助了5000元，我不赞成她干这个，城里我也去过，服装店开得满大街都是，就有那么多人买衣服？我几年都不买新衣穿！希望城里像我这样的人不要多，我做梦都盼望我闺女能过上好日子。

家里的母猪生了10个猪崽，成活率100%，打算卖5个，养5

个，照目前猪价这行情，明年这项收入该不错。

最难忘的事：三小子得了奖学金，说要给我买个理疗仪，我要那玩意儿干啥？我担心他不听话买下来，就给他两个月没寄生活费，他也没问我要，不知道孩子钱够不够花，我心当时咋就那么狠呢！

最高兴的事：国家实行农村基本养老制度改革，农村人上了60岁都能拿养老金，我刚好符合要求，真是赶上了好时代，主要也为孩子们能减轻些负担。

最遗憾的事：说好带老伴出去旅游一回，几年前都答应人家的事，一直未兑现，本以为今年苹果收成好承诺能实现，后因老大买房又黄了。

总的来说，这一年家里平平安安，顺顺当当，忙忙碌碌，儿女没让我操心，我们也没给儿女添麻烦，与乡邻相处融洽，日子过得有滋有味。唯一欠缺的是，孩子们平时电话太少，其实知道他们在外面忙，常回家看看我也不敢奢求，但隔三差五打个电话总该有吧！老伴批评我心眼小，嫌我为这事爱唠叨，还给我出主意，我要是想他们了就自己打电话过去。只是不知道这样，孩子们会不会烦我……

明年的心愿：希望老大工资再涨一些，不要有太大的生活压力。这孩子老说生活压力大，结婚后一直不敢要孩子，说没精力带，这叫什么话！不是还有我们老两口吗？没人带我们给你带，多大个事！二丫头能找到一个称心如意的对象，赶紧把婚给结了。这孩子眼光高，找对象挑三拣四，年龄一年比一年大，她这事没个结果，我总是放心不下；三小子明年就毕业了，希望他能找一个好工作，我无钱无势，在这个事上肯定给孩子帮不上忙，一切还得靠他自个儿；希望我们老两口身体健健康康，不要有个病啊灾啊什么的，哪怕苦点累点，一家人平平安安就好。

明年打算：今年苹果创造历年最好收入，我和老伴已商量好，开春再栽两亩地，虽说我俩上了年纪，但再干五年十年还是没问题的；三月，去和老伴做一次体检，以便对自己健康状况心里有数；他三婶家地多，种不过来，我打算承包些种上玉米，明年家里要养猪，饲料尽量自给自足，不做额外投入；农忙摘果季节，不再雇用帮工，找几家联合起来互帮互助，做到能省就省；年底，若经济允许，给我们老两口置办好棺材板，指不定是哪天用得着的事……

看到这儿，我的眼睛一点一点湿润起来，心里酸酸的。父亲这一辈子没多少文化，没脾气，也没多少话，我们姐弟三个所选择的人生道路，全凭各自的兴趣爱好，没经父亲半点同意或指引，我们之间很少交流或沟通，仿佛一切都与他无关，他也无法明白我们的内心。现在才猛然惊觉，沉默着的父亲内心蕴藏着多么深沉绵长的情感，就像他的这份总结一样，字里行间浸润的全是对我们最无私的爱和牵挂。我是父母三个孩子中唯一没上大学的，哥哥和弟弟已为他们争得足够的荣耀，这种荣耀在我看来是对他们最好的回报，足以满足他们的虚荣，现在才知道想法是多么狭隘、自私。父母一如既往地过着他们的生活，与过去相比，在我们身上倾注了更多的辛劳和挂念，而我们并没有给他们的生活带来真正意义上的改变，虽然他们一年比一年老……

我把这份总结拿给哥哥和弟弟看，看着看着，我们三个流了一脸的泪。

（高小宝）

你失踪了会惊动谁

小区电缆坏了，看不了电视，上不了网，连手里的小灵通也耗尽电量没了信号，整个人仿佛一下子被扔到了深海的孤岛上，断绝了与外界的联系。

出去问了问，坏掉的电缆三四天才能修好。索性安安心心买了一大包蜡烛和足够三天用的方便食品，回头取下书架上蒙尘的书。得打发没电的日子。

很久没在烛光下读书了，才发现这种感觉真好。淡淡的油烟味儿，轻轻跳动的火苗，竟然喜欢上了停电的日子。

停电第三天，心里又开始隐隐不安了。又到了一些杂志的交稿期，电不来，我如何写得下交得出？几天没在网上出现，朋友们会不会挂念我，QQ上是不是堆积了一些留言？留言得不到回复要打我小灵通又不通，会不会因此耽误了重要的事情？忧虑跟波纹一样往外扩散。看不进书，走坐不安，一次又一次跑到楼下去问电路的赶修进度。

很庆幸，小区的电路在停电之后的第四天清晨修好了。早晨还没起床，就听外面的电脑音箱“嗵”一下开了，终于来电了。衣服没来得及穿，第一反应是跳下床，打开电脑，在电脑启动的间隙，又赶紧摸出小灵通充电。登录QQ、博客、邮箱，心情莫名地激动，心想着也许会有新的消息潮水一样涌出来。然而现实却很平静，QQ上有两三个好友随便问一句：在？不回，头像就黑下去没有了下文。邮箱里有一两封编辑的约稿，博客上有三两条博友的留言。谁也没问我为什么突然失踪。打开小灵通，有几条消息涌出来，全是天气预报的。赌气似的把它扔到一边。自以为很久很重大的一次突然失踪事件，在众人心中连个水花儿也没激起来。世界这么忙碌，众生这么喧嚣，谁会在意一个人的消失呢？

兀自伤感之际，小灵通唱起来，接起，是弟弟的。

“姐，你干吗呢？这些天也不给家打个电话。打你小灵通，一直无法接通……”语气里有抑制不住的怨气。

“小区停了三天电，小灵通也没电了。”我低着声音回。

“姐，你怎么回事？电话一直打不通，快把妈急死了，就差打的到你那里去了，赶紧给妈回个电话。”扣了弟弟的电话，妹妹的电话又打进来。

“我们小区停电，手机无法充电……”

“你就不能到外面打个电话？”

妹妹说得对。可是那几天，我根本就没往家里想。

急急忙忙将电话打回去，才响一下，就被人接起来：“是英子吧，你可来电话了……”电话是母亲接的，电话里咕哝着骂了我一句，但没有一点怒气，我甚至能想象到电话那端母亲笑吟吟的样子，“这三天也打不通电话，我还想着什么事儿啊。看电视上说缅甸那边闹地震了，南宁百色都有震感，你们那里没事吧?”母亲问。

“我们这里没事，是小区的电缆坏了，才修好……”

“那就好，没事就好。”电话里的母亲自始至终没抱怨批评我一句。她知道我很好，就满足了。

很多时候，我们把自己与这个世界的关系看得太重要了，其实，这个世界上少了谁，地球都照样转。我们又常常把自己最应该重视的忽略了。如果有一天，你真的失踪了，真正惊动的只有那么极少数的几个人，其中那个时时刻刻都在为你揪着心的人是你最亲的人。

（梅　寒）

被需要的父母

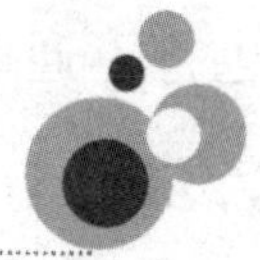

远在德国的女儿，忽然接到了父母的一封电子邮件。信中交代她，如果这几天打电话回家，家里没有人接电话，那就表示可能出大事了，快请人来家里看看吧。家门的钥匙就放在门底下。

邮件是前一天发出的。女儿看到这封信时，时间已过去了整整一天。父母的信很怪异，女儿立即拿起电话，拨打国际长途回家。电话“嘟嘟”地响了半天，没人接。女儿的心揪了起来，赶紧又拨打了父母一个老同事的电话。老同事匆忙赶到家中，敲门，无人应答。弯腰在门底下一摸，还真摸到了一把钥匙。门打开了，家里寂静无声。紧接着的一幕，让这位老同事惊恐万分：只见老夫妻两口子，分别悬挂在两个卧室的门框上，早已气绝身亡。

人们怎么也不相信，这对老夫妻就这么走了。老夫妻都是高级知识分子，唯一的女儿远嫁国外。他们的生活令人羡慕，就在昨天，还有人听见从他们家里传出钢琴声，反反复复弹的是一个曲子，老电影《城南旧事》的主题曲《送别》。那封给女儿的怪异电子邮件，也是昨天发出的。这样看来，这对老夫妻是平静地作好了离开的准备。可是，又是什么原因让他们如此决绝地离开这个世界呢？

熟悉他们的老同事说，这对老夫妻，同在一家设计院工作，都是高级工程师，老爷子还会五种外语，在单位颇受敬重。退休后，单位不再需要他了。像很多刚离退回家的老员工一样，老两口为此失落了很久。

熟悉他们的老邻居说，他们唯一的女儿嫁到了德国。退休后，他们也跟着女儿到德国生活了一段时间，女儿生了一儿一女。老两口平时也没什么事，就帮着他们带带孩子。虽然周边没有一个人认识，但两个孩子特别依赖他们，这让他们的生活很充实。可是，小外孙渐渐大了，而在孩子的教育上，老两口与小两口意见总是难以一致。有一次，老爷子想进外孙的房间看看，却被女婿拒绝了。老两口忽然意识到，小外孙已经大了，不再需要自己了。老两口黯然回国。

曾经热爱的单位，不需要自己了；曾经黏着自己的小外孙，也不需要自己了。老两口异常失落。但谁也没想到，他们会以这样的方式，与大家作最后的告别。老两口给女儿、单位、亲朋分别留下了遗书，除了开头称呼不同外，内容基本一致，大意是他们觉得活着已没有意义了，因此他们选择了离开。

这是一个真实的故事，就发生在我生活的杭州。从媒体上看到这则新闻时，很多人的心被揪痛，人们无不扼腕叹息。有人发出感叹，有时候，被需要也是活着的一种动力呀。

我赞同这个观点。

我有个朋友，他们兄妹三人的孩子都是老母亲一手带大的。那时候，哪个小家庭忙不过来了，都会搬母亲这个救兵。退休在家的老母亲，几乎没一天闲着，带大了大女儿家的外孙，又赶到小女儿家照顾小女儿的月子；刚刚将大外孙拉扯大，又要每天接送孙子上学放学……那些日子里，老母亲就像个陀螺一样，在三个小家庭之间奔波忙碌。后来，小孩子都慢慢长大了，三个小家庭的生活也步人了正轨，老母亲再也不需要为三个小家庭操劳了。清闲下来的老太太，却骤然老了许多。兄妹几个约定，今后，大家轮流接老母亲到家里住，但不准再让老母亲做家务活，让老人家好好享享福。没想到，对于孩子们的孝心，老太太一点儿也不领情，哪家也不去，坚持自己一个人过日子，很倔强。朋友几番试探才弄清楚，原来老太太认为自己老了，没用了，不愿意给子女们添麻烦。三兄妹一商量，还得用老办法，搬“救兵”：儿子打电话回家说，我要出差了，家里没人照应，您得来帮我几天。老太太二话没说，去了；大外孙打电话给老太太，撒娇说，妈妈做的菜一点儿都不好吃，好想吃您烧的红烧狮子头。老太太放下电话，就直奔大女儿家去了；小女儿打电话到姐姐家，找到老太太诉苦，孩子快中考了，自己马上又要参加职称考试，忙得喘不过气来。老太太跟大女儿一商量，还是先去小女儿家救急……

老太太又像以前一样，穿梭在三个子女家，活力似乎又回到了老太太的身上。其实，那些“理由”都是兄妹几个人“编”出来的，事实上，他们并不需要老太太再为他们做什么了，但他们要让老太太感到，他们还像以前一样依赖她、需要她、离不开她。而这，也正是老太太所需要的。

被依赖、被需要，那是天下的老父亲老母亲最大的支柱和安慰呀。

（唐　仔）

“回报”使人际关系更融洽

俗话说：滴水之恩，当涌泉相报。这说的是一种道德修养和标准。其实这也揭示了人际之间的回报现象：当人们受了他人好处，获得别人帮助后，总是铭记于胸，不敢也不愿忘怀，千方百计找机会报答对方。这不仅是一种做人的美德，同时也是人们普遍的心理需求，想通过回报对方的善举与好意，达到自我的心理平衡。这是一种普遍的心理现象，我们把它叫做“交际回报心理”。比如你今天见到同事打了招呼，露了笑脸，表示了友好态度，明天他就不会对你冷眼以对，而对你做出亲热的姿态。今天他日常用品出现短缺，你很大方地主动给予借用，此后他会对你有诸多关照。如果哪位仁兄不幸陷入逆境，你能不动声色地关照他，充满深情地扶他走出坎坷，他对你的感激是可想而知的，他会总惦记着如何报答你。当然现实中也不排除有知恩不报或恩将仇报的现象，但这毕竟是个别的现象，而且这类人做出忘恩负义的事情之后多少还有些失落感和愧疚心理。交际回报心理在他们身上同样会找到影子。

交际回报心理表现在每个人的行为上是不尽相同的，归纳起来主要有如下几种类型：

1．心存感念。当受了别人的恩惠，心中颇为感激，一直牢记于心，总是念念不忘。这种回报心理不太直露，没有直接表现在行动上，有时并不为人所注意，甚或被视为有恩不报。但它同样是深沉的。这种回报心理促使自己对对方保持一种愉悦感激的心理，是形成双方良好关系的心理基础和酵母。男青年小郝向女青年小夏求爱。小郝一片诚心却遭到小夏的断然拒绝，还加上了一顿怒斥和嘲讽，但小郝并没有爱不成则生仇。一次小夏工作中出现失误，急得不知如何是好，小郝却站出来为小夏做证作解释，这令小夏十分感激。这便是一种感念回报，它为双方恢复关系、建立友情打下了牢实的基础。

2．桃李相报。在生活中，有些人总是有“投我以桃，报之以李”的心理，只要对方帮了他一把，拉了他一下，显示出了友情和爱心，他就会毫不含糊，决不怠慢，急于回报给对方。这种人一般都很直爽，是急性子，这样做看上去似乎有点过分对等、生硬，实际上反映了他们的热心肠，显得很仗义。有位女士性格火爆，她对一个清高时髦的姑娘很不以为然，一副不理不睬的样子。一次她与一名管理人员发生争执，由于她态度生硬，眼看要吃亏了，这时那位姑娘却出面帮她解了围。这位女士大为感激，拽着姑娘非要请她吃饭，要和她交个朋友，姑娘婉言拒绝了。该女士第二天又买了板栗非要姑娘收下。此后她对姑娘的态度完全改变了，逢人便夸姑娘好。

3. 他日援手。有些朋友回报心理十分强烈，当得了别人的恩惠和帮助后，一直放在心头，成了一件很重的心事，同时又表现得十分深沉和理智，他们不会轻率地做出表示，随便回报了事。这在他们看来未免显得浅薄而表面化，他们等待着机会，希望能郑重其事地回报对方。小宋生活一向平静而优裕，自己也心宽体胖、养尊处优。可天有不测风云，他的家庭出现变故，生活遭受到莫大打击；同时工作上也与上司产生矛盾，出现挫折，小宋成了个可怜而又四处无援的角色。就在这时小孙站了出来，在生活上帮助他，在工作上给他疏通关系，让小宋感受到了人间的温暖。小宋默默记着这些，下决心找机会报答小孙。过了两年，小孙想出国，小宋全力以赴，用自己的努力为他办妥了出国手续，终于用行动报答了对方。

4. 平衡回报。回报首先起于一种感激之情，有时仅此而已，如感念型，有时表现为物质形式，如桃李相报、他日援手等类型，前两种显得急迫、热烈，后者执著、洒脱。这几种类型带有很浓的情感成分。现实中还有一种回报现象，即平衡式回报。这些人将人际交往看作是一种互惠互利的形式，你帮我助都十分正常，不必浪费感情，今日受了他人恩惠，明日我再还回去，相反今日我为你援手，你明天亦当慨然回送，这是一种规则。这种回报现象追求人际交往的平衡，回报被看作是自然而然的事，十分注重分寸和尺度，也很讲究信用。有名男青年自幼失去父母，好不容易长大成人，各方面受到的关怀和照应很多，但他却并不对此感激涕零，感恩戴德。在他看来，他身世悲惨，为人们所帮助，理所当然，世道应该如此。不过这名青年并不是忘恩负义之人，相反他很义气。谁要是帮助了他，他都会予以回报，从不负了他人。

毋庸置疑，许多朋友在交际中乐于奉献，甘做牺牲，并不求回报。但回报心理却是交际中普遍存在的一种现象。认清这种现象，我们就能清楚地把握交际中的规律，注意到交际其实是一种循环，是一种你帮我助，你关心我爱护的大家庭。这至少在三个方面对我们的交际产生促进和指导作用。

一、积极投入，做出姿态

交际中常常出现彼此观望，冷眼相对，僵持不动的情形，这使得交际处于僵化状态，不利于你帮我助、互相交流、彼此联络的融洽局面的形成。当我们主动先行一步，做出姿态之后，就会带来连锁反应，促使人际关系向好的方向发展。而你的行为不仅赢得人们的尊重，而且会得到相应回报。某单位评职称，一向你比我攀，不肯相让，往往把一桩好事弄得不好收场。有人还振振有词地声称，知识分子不为什么，就为了职称，怎能不争取呢？但此时一位卓有成就的老师做出了姿态，主动提出把机会让给别人。结果使局面迅速得以好转，其他人也不好意思再你争我夺了。这位老师带了个好头，使单位风气大变，受到了人们的赞美。

二、不要贪求别人回报

在交际中有很多人帮助他人并不贪图回报，他们的行为是无私高尚的。也有少数人带有明确的功利目的，希望自己施恩加惠于人，然后让人感恩戴德，加以补偿。这是一种先出借后兑付的小算盘，是一种庸俗世故的交际心理。这种人在回报的方式上也是孜孜以求的，热衷于及时的、物质的回报，而对精神的、远期的回报不屑一顾。有位人事科长出了车祸，住进了医院，虽属轻伤，但探望者门庭若市，尤其是小张，不仅送去了各种滋补品，而且整天整夜地看护服侍他。小张一向对人冷淡，这次为什么这般热情呢？原来他想托科长帮忙，将自己调动到另一家效益好的单位。像小张这种做法，表面上一时也会博得上司的好感，一旦暴露出他的真实意图，人们就会对他嗤之以鼻。

三、表现出品德，追求一种境界

交际回报心理以及它给交际带来的积极作用无疑给人们勾画了一幅美好的图景。但我们在交际的时候，并不能把眼光盯在他人的回报和补偿上，而应当着眼于自己怎么去做，才能给他人带来帮助，并视之为自己的一种品德。有的人把自己做出的姿态当作是最大的满足，目的都是为了交际的更加顺畅和润滑，交际关系的更加美好和协调。他那种义无反顾，执著痴迷，投入其中的情貌，显示出他

已进入了一种很高的境界。有位男青年是一个好人，他主动帮助几位孤寡老人，为他们接济钱财，买米送菜。人们问他图啥，他说不图啥，就图这样做感到踏实、高兴。这名男青年的表现，只是乡里乡亲传颂着，没有受到表彰，也没有登报上电视，但他却一如既往地做着。这就是一种境界。当然有这种境界的人，社会是不会负于他的，他会得到社会的肯定和称道。

（刘学柱）

母亲啊，何时报得三春晖

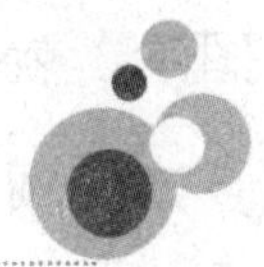

我从小在鄂西山区长大，那里山峦起伏，沟壑纵横。我每次回家得走两个小时的山路，不过比起我的母亲和乡邻们负重爬山还是轻松多了。

由于在邻县的一所中专上学，我平日很少回家，对家的思念特别强烈。渴望家里的那份温馨与祥和，尤其想念妈妈，想看看她头上的白发又多了几根，想听她哼唱山里的小调，想吃妈妈亲手做的风味独特的山粑粑。小时候妈妈讲的故事让我好惊讶好高兴，现在我也想讲讲外面发生的许多新鲜事，让勤劳善良的妈妈也乐一乐，高兴高兴。

去年冬天，我在一个寒风凛冽冬雪飘洒的日子里回家，由于天气恶劣，加上山道坎坷，走近小村时，点点灯火已经开始闪烁在黑暗的大山之中。

推门。进屋。

屋里和外面一样的黑，没有开灯，也没有人影。四下看看，既没有寒冷中我渴盼的火炉，也没有为我准备好的可口饭菜，家里冷

冷清清，我好生奇怪，不由得一种凉意袭上心头。但我还是默默地放下行李，开始收拾已经有些凌乱的屋子，然后生火，准备替妈妈做饭菜。我静静地做着这一切也静静地想，到底妈妈去哪里了呢？哦，可能是到村里加工厂加工饲料去了吧？我猜测着，前几次我回家，妈妈也刚从那里回来。在我们家里，只有妈妈长年累月地辛勤劳作，守护着我们贫困的家园。父亲是邻乡耕耘三尺讲台的“孩子王”，辛苦一生，劳累一生，到头来还是清贫一生，热忱与严谨是他从事教育事业的一贯工作态度。姐姐已经“下海”弄潮去了，为了她的梦想，也为了生活，去了南疆的都市。我从小到大大部分时间都是在学校度过，到如今仍是只身在异地求学。家里里里外外都由妈妈一人操持，忙忙碌碌，为了我们能有一个安定的“后方”，一个能为一家人带来欢乐与幸福的家庭。

忙活了好一阵子，还没见妈妈回来，我有些着急。于是准备关门去接妈妈回家。突然听到楼上有人说话，我一惊，仔细一听，好像是有人向谁表达谢意。只是声音嘶哑低弱。我忽然听出来，那是妈妈在说话，只是妈妈平日里那清脆响亮的声音突然变得让我不敢相信。“妈，是我回来啦！”“您，您怎么啦？”我疯了一样跑上楼去。妈说：“我以为是邻家大婶子来帮忙料理家务活的，干了这么久也没吱声。”妈妈半躺在床头，盖了两层棉被，脸色如枯草般苍白，见到我，脸上强作笑容，可黯然的眼神中却分明夹杂着凄楚与无奈。此情此景使我心如刀绞一般，我最慈祥和蔼的母亲竟然成了这个样子！

见我回来，一开始母亲不愿意讲出得病的实情，支吾着说没什么，但我还是从母亲口中问出了让我心碎的事实，原来母亲已经患病卧床两天了。两天时间硬是在疾病中折磨，没有吃任何东西，而且孑然一身无亲人照看，没有人管她。我心如刀绞，喉咙已被什么东西堵住，泪水早已挂在腮边。我带着哭腔叫了声“妈”，就再也说不下去了，“扑通”跪在母亲床前泣不成声。也许从小到大，母亲都是那么结实，那么硬朗，永远用她宽大的胸怀温暖着我们每一个子女，所以，眼前的一切实在让我无法接受，平日慈祥的母亲已经让病魔折磨得不成样子，极度的痛苦噬咬着我的心。母亲伸手试图拉起我，我透过被泪水模糊的双眼看见母亲的脸上有泪水往下流淌，这更使我想象出，在寒冷的深夜里，疾病缠身的母亲流泪到天亮的情景。我在心底埋怨自己，恨自己的无知与不孝，恨自己回来晚了。

这是我人生第一次极度的伤心。母爱是伟大的，也是唯一的，因为只有一个母亲。它的伟大就在于它赋予了人的生命。门外的风像狼嗥一般叫个不停，寒气拼命地往屋里钻，雨已变成雪，铺天盖地，但现实不允许我退缩，我得坚强起来，与风雪搏斗。

那个夜晚，我顶风冒雪找到当地最好的医生来为母亲看病，又不顾一切地在黑夜里踽踽独行，先后找到两家药店与一所乡村医院，买了一大堆中药和西药。在往返的途中，由于山道的坎坷不平，加上路滑，我摔了几次跤已记不清了，只知道跌倒了再爬起来继续前行。寒风肆虐，我瑟索，我发抖，但仍然坚持勇往直前。深夜一点

多钟我守护着母亲打完两瓶点滴，又拿出我最好的“手艺”为母亲弄了点吃的，直到半夜三点多钟，母亲才安然入睡。之后，我才守护在火炉边为母亲煎药。当我给姐姐写完一封长长的信，告诉她母亲的一切之后，我感觉全身似乎都冻僵了。

我把火炉抱在胸前取暖，没有丝毫的睡意，心潮澎湃，往事历历在脑海中闪现。我想起了小时候年轻的妈妈对我的迁就与教育；想起淘气的我做了顽皮事之后妈妈替我向别人赔礼道歉的情景；想起了小时候特别喜欢“赶路”（紧跟着母亲）的我，竟然有一次错将别人当成妈妈而哭闹着穷追不舍，最后羞怯得连家都不敢回，还是妈妈把我哄回家的那尴尬又可笑的场面……渐渐地，沐浴着母爱我长大了，开始初懂人事，接触了一些人情世故。想着想着，泪水不禁滴在纯青的炉火里“噗噗”作响，回过神来，我决定天亮之后把父亲也找回来。

去父亲那儿的山路崎岖难行，但刻不容缓，我以最快的速度奔波着，半天时间过去，我和父亲回到家中。感谢上苍，母亲说她的身体好多了，我如释重负地松了口气，但仍得抓紧时间里里外外忙个不停，我知道，我多做一点就可以帮母亲减轻一些劳累，尽管有些微不足道。

三天的假期倏然而过。返校时，母亲已经能够起床了，家里又充满了往日的温馨。我知道此时家里正需要我来照顾，然而我又不能放弃学业。自古“忠孝不能两全”，我还有更长的路要走，自己的梦还需矢志不移地去奋斗。尽管我的处境不尽如人意，甚至愧对亲人和自己，但命运不允许我有任何的懈怠，除了奋斗，我别无选择。于是，我只得背负着厚重的希望和嘱托，带着难以割舍的心情走上求学之路。

太短的时间无法弥补我对母亲的歉疚。临别之时，母亲支撑着孱弱的身体在冷酷的风雪中为我送行，叫我千万不要操心家里的事，要好好安心念书，注意照顾自己。“儿行千里母担忧”，母亲又如何放得下对我的惦念啊！我走了，不忍再回头看一眼母亲瑟缩的身影，还有让我心碎的母亲那朦胧的泪眼。

我在踩得稀烂的雪路上渐行渐远，蓦然回首，母亲在向我挥手，此时一切言语都无法表达我的心情，只在心里默默地祈祷祝福——母亲，祝你一生平安！

在萧瑟的风中我暗暗立下誓言：母亲啊，来日定报三春晖！

（何　勇）

残疾弃儿，拾破烂的养母背上你求医

1997年8月17日，一位年近花甲的老大娘手提一个可以折叠的手推车，车里放着一沓子尿布，身背一个10多岁的男孩子，踏上了由郑州开往北京的列车。这位大娘名叫赵秀玲，她背着的男孩子是她12年前捡来的一个下肢瘫痪的弃儿。熟悉内情的邻人知道，近年来，为给这个残疾孩子求医治病，赵秀玲大娘此次已是第五次背上这孩子上北京了。

赵秀玲大娘自己有两女一子，家境贫寒，那么，她靠什么筹钱来为捡来的残疾男孩治病呢？说来令人难以相信：靠在北京卖废品、捡破烂。她心肠一软，就抱起了残疾弃婴。

12年前一个深秋的清晨，黄叶飘零，白霜铺地，家住郑州西郊的赵秀玲为养家糊口，一大早便推着一辆破旧的小车，赶到了郑州碧沙岗公园，摆起了她卖冰糖葫芦和凉皮的小摊点，大清早的，生意冷清，但赶到公园晨练的市民却不少。赵秀玲正在高声吆喝以招徕主顾，就听见从她面前走过的熟人告诉她，碧沙岗公园里一个公厕门口，不知是哪个狠心的母亲遗弃了一个婴儿，婴儿的小模样长得还端正，就是两条小腿不会动。围着看叹息的人不少，就是没人捡起来抱走。

若是不爱管闲事的人，听了这话，就不会往心里放，可赵秀玲天生一副热心肠，一听说，对那弃婴就放心不下，但她没有急于动身去公园看个究竟，心想着总会有人抱走孩子的，待到晨练的人纷纷地往家转去吃早餐，赵秀玲这才决定去公园里看一看那个弃婴到底还在不在。那个被生身父母遗弃的孩子命运确实不顺，当赵秀玲走向那已空无一人的公厕时，却听见了他仍在那里哇哇地哭叫着。赵秀玲三步并作两步赶到跟前一看，这可怜的孩子大约有四五个月的样子，包裹着他小小身体的小褥子已被人解开，是个男婴，他身上穿的薄秋衣上已沾满屎尿。许是抵不住秋风的寒意，那本该是粉嘟嘟的小脸已被冻得青紫。看这小人儿哭得凄惨，赵秀玲不由得弯下身子，试探性地用食指往他的小嘴上挨了一下，就见这小人儿马上停了哭声，张了口噙住了她的指头贪婪地吸吮起来。赵秀玲一看孩子饿成这样，当下就掉了眼泪说："世上真有这样心狠的父母，他们不会有好报的!"

赵秀玲已是有两个女儿、一个儿子的母亲，说起她的家境来，确实无能力再收养一个残疾婴儿。她的一家尽管都是郑州户口，可早年转业的丈夫患有精神病，长年累月四处疯跑地不落屋，三个孩子，大的19岁，小的才10岁，她原在山西太原棉纺厂工作，可跑调动时，档案弄丢了，这就成了无业人员，一家老小，全靠她做点小生意维持生计。没有正规的房子住，她家只好在郑州西郊的火车道边一片荒草丛生的树林里搭了两间牛毛毡窝棚栖身。说实在的，像赵秀玲这样的家庭状况，她当初是很想让可怜的弃婴遇上好心人抱走的。

整整一天时间，赵秀玲没做成生意，逢了从面前走过的人就扯着嗓子大喊："谁要这个男孩子?"但即使有些人动了抱养之心，一看弃婴腰部的疤痕和不会动的两腿，最终还是摇头走了。

赵秀玲就这样做了这弃婴的养母。心存爱念，吃苦受累无悔无怨抱回了这个两腿瘫痪的弃婴，实际上也意味着抱回了一个累赘。整天整夜为他擦屎把尿，喂吃喂喝不说，首要的问题便是要给他治病，治病就得用钱，赵秀玲一家五口，全靠她做小生意过活，丈夫患精神病不知如何过好日子，可她的两女一子三个孩子住在破牛毛毡棚里，睡梦里也在想着能住上不怕刮风下雨的房子。一家人吃饭穿衣要用钱，孩子们上学也得用钱，想住两间平房也得用钱，有人说得好："金钱不是万能的，但没有金钱是万万不行的。"然而，赵秀玲偏偏就是缺少金钱，多少年了，她风里来、雨里去，起早贪黑地忙活着小本生意，但总是攒不住几个钱。虽说抱回弃婴后，已经懂事的儿子赵俊和两个正上学的女儿没提反对意见，但赵秀玲想的可不是只让自己的亲骨肉们给这小残疾匀口饭吃，让他有个活命了事，她想，我既然抱回了这孩子，就有义务给他求医治病。

赵秀玲从床头摸出了那做生意挣来的大大小小的纸票和"钢镚

儿”，开始抱着这小残疾儿在郑州市的各家医院不停地穿梭。医生们几乎是众口一词，这孩子是外伤引起的高位截瘫。在当时的医疗条件下，这种神经方面严重损伤的病症，几乎无治愈的希望，但赵秀玲不愿相信这些。她可以在外出求医时为省下一个当时只几分钱的馒头喝一肚子凉水顶着，可为孩子掏钱买药却毫不含糊。一次她听说郑州东郊有一位名医用针灸疗法治瘫很见效，就徒步几十里，横穿市区背着孩子赶去求医。针灸治疗必须持之以恒。逢上下雨下雪天，路不好走，也为了省下几个搭车钱，赵秀玲就抱着孩子在医院的前檐下过夜。得知情况后，那位名医深为赵秀玲的精神感动，决定免费为孩子针灸。但经过努力，到孩子3岁时，这位名医还是无奈地摇摇头，这孩子的双下肢，很难有行走的希望了。

去过了这家医院又去那家，这样折腾了大约有近4年时间，这小残疾的疗效还是甚微。这期间，赵秀玲已花掉了她的全部积蓄。更为令人忧愁的是，因为每次出门到公园摆小摊卖凉皮、糖葫芦，赵秀玲总是把小残疾带在身边，这样就能及时地为他擦屎把尿、换尿布，如此，她照料了小残疾，却忽略了顾客。尽管她很注意卫生，但食客们一看她身边躺着个又屙又尿的残疾儿，顿时就没了胃口。没多久，赵秀玲便一咬牙放弃了维持生计的老本行。

为了这个瘫痪孩子，赵秀玲花光了积蓄又丢了谋生的小生意，家里清贫得大过年也吃不上一顿肉馅饺子。平日里跟她说得来的老姐妹就劝她：“你自己都顾不住自己了，还顾这个小残疾，这是何苦呢。郑州又不是没有福利院、孤儿院，你把小孩予抱去放他们门上，他们能不收？你心肠再好，也该考虑考虑自己的孩子们哪!”

赵秀玲何尝没考虑过把这小残疾送孤儿院去，可她就是下不了决心，她泪眼婆娑地说：“是个小猫小狗也能养出感情呢，何况是个挺聪明的孩子！不知咋的，自从他刚会说话就冲我叫了一声妈，我这心里头，真是把他当成了亲骨肉了。”

为了坚定自己的收养决心，赵秀玲不但更加爱怜这个捡来的残疾孩子，还到有关部门办理了正式收养手续。前几年，孩子一直没有大名，到为孩子上户口了，总得有个名了，赵秀玲一琢磨就来了灵感：“都说我把这孩子当成了宝贝疙瘩，那就叫他宝元吧。”

小残疾变成了孙宝元，成了赵秀玲家的正式成员，一家4个孩子，加上有时疯跑一段也摸回家吃闲饭的丈夫孙善伟，一共6张嘴，光吃饭买粮就是个大问题。然而，“天无绝人之路”，卖不成凉皮、冰糖葫芦的赵秀玲很快便找到了谋生门路——到铁路沿线捡拉煤车掉下的焦炭，沿街串巷捡废品。自此，住在赵秀玲家附近的人一早一晚总能看到这样的情景：早晨，天刚放亮，就见赵秀玲背着一个大编织袋，推着一个自制的小车，车上躺着她的“宝贝疙瘩”小宝元；晚上，背着鼓鼓囊囊的废品，推着小宝元返回家门。一年四季，无论当妈妈的赵秀玲走到哪里，小宝元总是由她推着、背着，母子二人，形影不分。为小宝元治病，年迈的养母在所不惜

小宝元在养母赵秀玲的百般呵护下慢慢长大了，而赵秀玲也由

身强力壮的中年妇女步入了老年人的行列。在白发和皱纹愈来愈多地和她相伴的过程中，她也用常人难以想象的勤劳和艰辛，靠卖废品，捡破砖头，终于在1992年盖起了三间平房，此时，她的亲生儿子赵俊和两个女儿也日渐长大。令人欣慰的是，儿子赵俊虽说文化不高，但小伙子人勤快，脾气好，他自谋出路，在郑州市郊一饭店帮工时被当地一位叫孟宪玲的姑娘相中，并很顺利地结为夫妻。宪玲和赵俊结婚后，知他家住房紧张，就住在娘家，但姑娘却不嫌弃赵俊的家贫，她很赞佩婆婆的爱心义举，有时还帮婆婆给小宝元老弟洗尿布、做新衣。一年后，宪玲为婆婆一胎生下了一个孙女和一个孙子，更使赵秀玲大娘乐得眉开眼笑。虽说家里的日子依然过得清贫，但子女们都孝顺听话，尤其是都把小宝元当成了家庭里的一员，从不打骂歧视，这更令赵秀玲大娘心中舒坦。有人这样说："人活在世上，什么没有都可以，千万别没钱；什么有都可以，千万别有病。"赵秀玲大娘是生就的苦命人，年轻时千辛万苦，但因有个强壮的身体，穷也好，累也好，都是一挺就过去了，但随着年龄的增大，自从过了50岁，她已明显感到身体是一天不如一天。1993年的一天，她终于累得病倒了，头晕得厉害，可当时家里人除了小宝元外，都不在家，已经八九岁的宝元看着养母那难受劲儿，也顾不得自己下肢不会动弹，从紧挨着母亲的小床上"扑通"一声就滚到地下，爬到床头给母亲倒了杯茶水。看着母亲喝下了茶水，宝元又爬出门，喊来了邻居，将母亲快速送进了医院。

赵秀玲大娘是因营养不良引发了低血糖症，经及时治疗转危为安。当她回到家里，看到小宝元为救她两条腿都被磨破了皮肤时，心疼地问："元啊，腿痛不痛？"小宝元乖巧地回答："不痛；真知道痛俺才高兴呢。"听了这话，赵秀玲大娘一把把小宝元揽在怀里，泪如泉涌。赵秀玲大娘对笔者说："元这孩子，真是又懂事又孝顺，平时，家里难得吃个水果、鸡蛋，他哥嫂们回家了，带点好吃的，他也不舍得吃，总是自个儿保存着，让我吃，你们说，我咋能吃得下去？这孩子要是不残疾，该有多好啊！"

眼看自己一年不如一年了，虽说子女们都不歧视小宝元，就连孙子、孙女也张口闭口朝小宝元喊"小叔"，还忙着给他拿尿布，但作为收养小宝元的母亲，赵秀玲感到只要自己活一天，有一分能耐，就要全力尽到作为母亲的责任。在自己的有生之牟，能够治好小宝元的病，愈来愈成为赵秀玲大娘的奋斗目标。郑州治不好，去上海，上海治不好，就上北京，她有这种惊人的决心，但手头没钱哪能行？苦思冥想再挖"潜力"，她让两个女儿上到初中毕业便早点就业，同时，除卖废品外，又再次发动全家四处捡旧断砖头、废牛毛毡，历经二年，五间简陋房屋相继砌了起来。此时，她家所在的地方也被郑州市划为王立砦新村，这些破房子盖好后，也招来了外地来郑州找工的乡下人租住。如此，每月里赵秀玲大娘便有了200元左右的"额外收入"。到了1995年，经日积月累，赵秀玲大娘手头终于又有了3000多元，此时，她便招回了儿子赵俊，让他守着这个破落的家园，自己第一次背上小宝元踏上了去北京的列车。

在北京天坛医院和中残联医院，经专家会诊，院方均告知赵秀玲大娘，小宝元的病可以治愈，但必须进行手术治疗。赵秀玲大娘试探着问了一下治疗费，一听当即直冒冷汗：入院费最低4万元，全部疗程估计需10万元左右。3000元到10万元，这个巨大的差额一度折磨得赵秀玲大娘彻夜难眠。但小宝元的病既然有救，赵秀玲大娘心里很兴奋。她带着小宝元返回郑州时，儿女们一听说宝元治病要用那么多钱，都认为是个天文数字。赵俊心疼老母亲，就劝她："妈，您为宝元的病也没少操心，您也养他十来年了，干脆把他交到福利院，让国家给他想办法，您年龄大了，也该坐家里休息休息了。"赵秀玲大娘一听，也没埋怨儿子，只是问了一句："俊哪，你妈我已把宝元当成了亲儿子看待，你说，你妈我把宝元送出去了，心里好受吗？"赵俊知道说服不了母亲，也就无话。他痛楚地对记者说："唉，俺是个没本事的人，要是能挣点大钱，帮帮俺妈多好啊！"说着话，赵俊的泪水便注满了眼眶。

然而，赵秀玲大娘却不把筹钱为小宝元治病的希望寄托在本身也经济困难的儿女们身上。第二次去北京，她不但带着小宝元的尿布，还带上了被子和锅碗瓢盆，她要在北京住下来，她没有别的能耐，她只会吃苦只会辛劳。她在第一次到北京和小宝元二人露宿街头时发现，北京比起郑州来，人更多废品也更多。于是，二次来京，她便在北京西直门附近租下了一间每月200元租金的小窝棚。自此，在北京西直门附近，一年到头，赵秀玲大娘总是推着小宝元，边照料他边捡废品，除了母子二人的房租和少得可怜的生活费，每月还有一二百元收入。

据赵俊介绍，得知赵秀玲大娘感人事迹的人近年也陆续给了她一些帮助，邻居们平常送给她和小宝元一些旧衣物，民政部门也给予一些困难救济；当新闻媒体报道了她的事迹后，她也收到了数百元捐助；在北京，就连一些外国的游客，也给小宝元一些捐款和食物……

对于社会各界好心人的捐助，赵秀玲大娘自然是深深地感激，但她更对自己充满信心，她在北京托人给儿子赵俊写信说：“我希望能再活20年，我想我能够攒够给宝元治病的钱。”

（远　村）

越来越短的家书

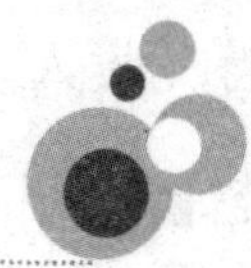

随着经济的发展和社会的进步，望子成龙日渐成为父母们迫切的愿望。为了给子女们创造一个良好的学习和成长环境，父母们节衣缩食，百般呵护，可谓费尽心思，熬尽心血。作为“天之骄子”的大学生们，大都被视为家中的骄傲，更是享尽了家中的一切温情和“特权”，应该说，回想起求学路上父母及家人对自己无微不至的照顾，他们最应该珍惜家庭中的那一份亲情。而作为父母，从子女跨进大学校园的那一天起，便有一种子女长大成人的欣慰，同时由于子女的独立和远去，为父母者又必然会有另一种牵念和期盼。

遗憾的是，“长大了”的大学生们，并非每一个都理解父母那焦灼的心情，相反，作为一种普遍的现象，越来越多的大学生反倒成了父母的忧虑。这一点，从以下所提到的家书中可见一斑。

去年初，湖北一父母给远在北京的儿子写了一封信，表达了父母对儿子寒假未归的担心和挂念，希望儿子回信谈谈学习、生活和身体上的情况，以了思念之情。一月后，收到儿子的回信，信上只有三个字：“儿很好。”

不知今天的大学生是因学业繁忙到日理万机的地步，还是深深明白“一字千金”的道理，因而对自己的父母都那么吝惜笔墨。这样的家书，除了让父母哭笑不得之外，又能让父母得到为人子者的什么呢。

山东的一对父母，在儿子入学半年多以后才突然接到了儿子的一封信，不禁欣喜万分，待急切拆开信封，信的内容竟言简意赅到令老两口不知所措的地步。信上写道：“爸、妈：钱。儿。”

读这样的信，让人感到父母就是为那骄横儿子理财的秘书。

如果说以上两封信是一字家书的典范的话，那下面的一句话家书则更是让人啼笑皆非。

上海一对工程师夫妇，了解到女儿在校园谈了一个对象，就写了一封劝告女儿的信，希望女儿不要因此而耽误学习，要慎重考虑云云，谁知半个月后，却接到了一封女儿教训父母的信：“爸，妈，你们太落后了。”

四川一对父母，在暑假将至时，收到了儿子寄回的一封“电报体”家书：“儿28日返家，到机场接。”

就读于上海某大学经济系的一女生，在今年元旦时给父母寄了一封莫名其妙的贺岁信：“又过了一年，谢谢你们！”

看来时下的大学生们与父母已经是“心有灵犀一点通”了，如此家书，比现代派、野兽派的文章还要难懂。

除以上说的外，诸如“想念你们”，“向你们问好”，“我爱你们”

等近乎口号似的“短语”家书也大有人在。

日益增多的这类家书表明，忽视亲情，忽视对亲人和家庭的责任正逐渐在大学生群体中成为普遍的潮流。如果说，真有那么一天，中华民族历经数千年的磨难才建立起来的优良家庭道德传统，将在这一代天之骄子中毁于一旦，那么，我们这个民族，必然会面临一场情感的灾难。

不难想象，白发苍苍的父母，翘首企望着远去的儿女，他们那日渐干涸的眼睛，多么期望能读到远方儿女的讯息，只言片语的家书，无非是让他们本已衰弱的心灵再受一次冻结。

一位哲人不无讽刺地说过：父母是给予的动物，子女是索取的动物。可怜天下父母心，真是给予太多而索取太少。

试问某些天之骄子们，你们真的就只知从父母那儿索取吗？

（初　夏）